A M. FERDINAND MOREAU FILS.

HARMONIE ET COMPOSITION.

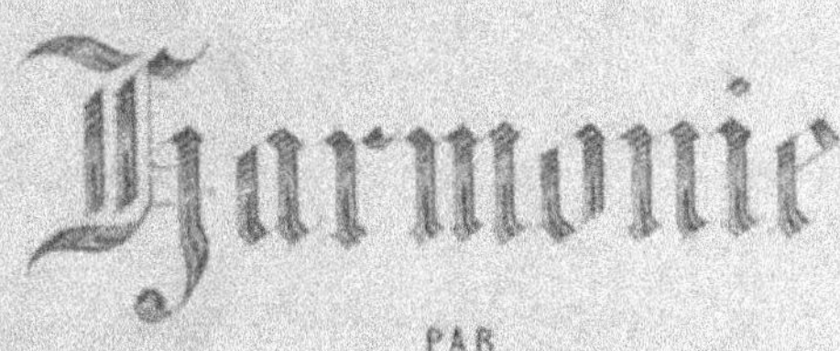

Harmonie

PAR

EMILE BOURDEAU.

Maître de Chapelle de l'Eglise St Philippe du Roule,
Professeur au Collège Chaptal.

PRIX 5^F NET.

F. LAMBERT, Editeur de musique
Rue Olivier prolongée, N° 1. (près la rue Taitbout)

PARIS.

Première leçon.

Des Intervalles

On nomme intervalle la distance d'une note à une autre, l'intervalle prend le nom du numéro d'ordre de la note qui le forme; ainsi l'intervalle de  est l'intervalle d'une seconde, parce que le Ré est la seconde note qu'on trouve en montant la gamme depuis Do, l'intervalle de  est l'intervalle d'une Quinte, parce que le Ré est la cinquième note qu'on trouve en montant la gamme à partir de Sol.

Un intervalle est ou Majeur ou Mineur, ou Augmenté ou Diminué.

On rencontrera souvent dans cette analyse les mots tons, demi tons chromatiques, demi tons diatoniques; pour le mot ton, l'intervalle de seconde majeure l'expliquera suffisamment; quant au demi ton, il y en a deux: le demi ton diatonique et le demi ton Chromatique.

On ne verra le demi ton chromatique que dans les intervalles de seconde, tierce, quinte et sixte augmentées, ce qui indique que ce demi ton est formé par un signe accidentel qui change le son de la note devant laquelle il est placé sans changer le nom de cette note, contrairement au demi ton diatonique qui fait changer tout à la fois le son et le nom de la note qui le forme.

Exemple.

Voici l'analyse de tous les intervalles :
L'intervalle d'une seconde mineure est formé
d'un demi ton diatonique.

L'intervalle d'une Seconde majeure est formé
d'un ton. (lequel ton contient le demi ton diatonique
et le demi ton chromatique)

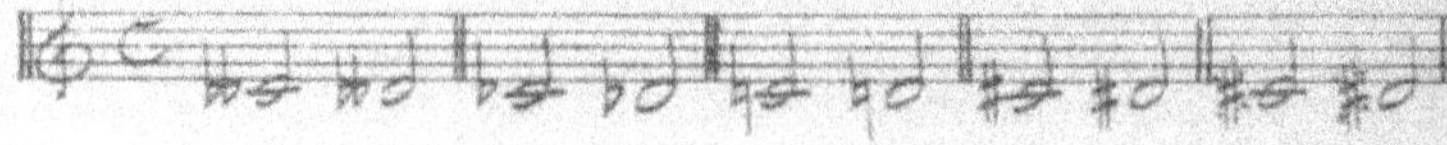

L'intervalle d'une seconde augmentée est formé
d'un ton et d'un demi ton chromatique.

L'intervalle d'une Tierce mineure est formé
d'un ton et d'un demi-ton diatonique.

L'intervalle d'une Tierce majeure est formé de Deux tons.

L'intervalle d'une Tierce augmentée est formé de deux tons et d'un demi ton chromatique.

L'intervalle d'une Tierce diminuée est formé de deux demi tons diatoniques.

L'intervalle d'une Quarte majeure ou juste est formé de deux tons et un demi ton diatonique.

L'intervalle d'une Quarte augmentée est formé
de trois tons (appelé aussi Triton)

L'intervalle d'une Quarte diminuée est formé
d'un ton et de deux demi tons diatoniques.

L'intervalle d'une Quinte majeure ou juste est
formé de trois tons et d'un demi ton diatonique.

L'intervalle d'une Quinte augmentée en formé
de quatre tons.

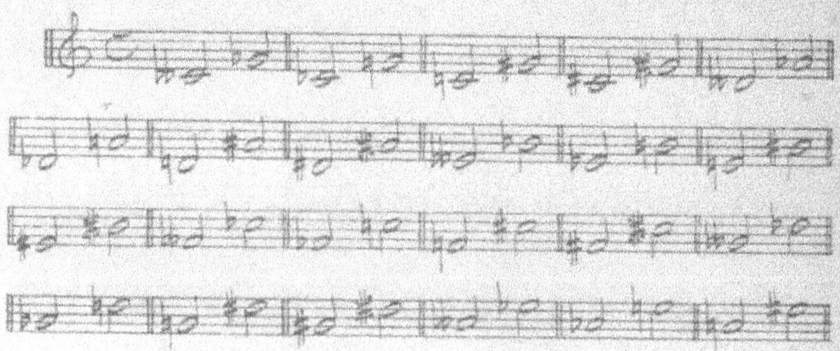

L'intervalle d'une Quinte diminuée est formé de
deux tons et deux demi tons diatoniques.

L'intervalle d'une Sixte mineure est formé de
trois tons et deux demi tons diatoniques.

L'intervalle d'une Sixte majeure ou juste est formé
de quatre tons et un demi ton diatonique.

L'intervalle d'une Sixte augmentée est formé
de cinq tons.

L'intervalle d'une Sixte diminuée est formé
de deux tons et trois demi tons diatoniques.

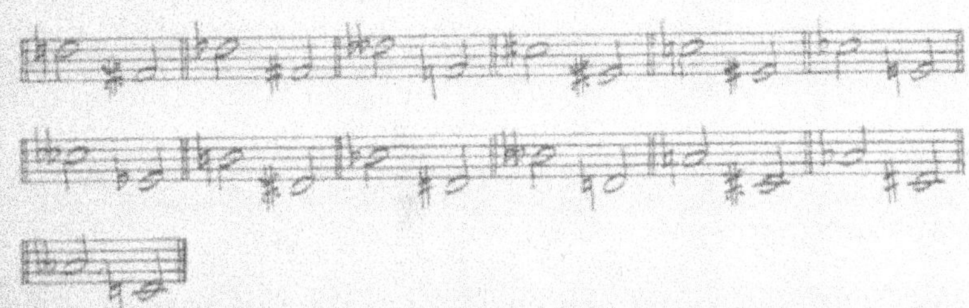

L'intervalle d'une Septième mineure est formé
de quatre tons et deux demi tons diatoniques.

L'intervalle d'une Septième majeure est formé de
cinq tons et un demi ton diatonique.

L'intervalle d'une Septième diminuée est formé
de trois tons et trois demi tons diatoniques.

L'intervalle d'une Octave est formé de
cinq tons et deux demi tons diatoniques.

L'intervalle d'une Neuvième mineure est formé
de cinq tons et trois demi tons Diatonique.

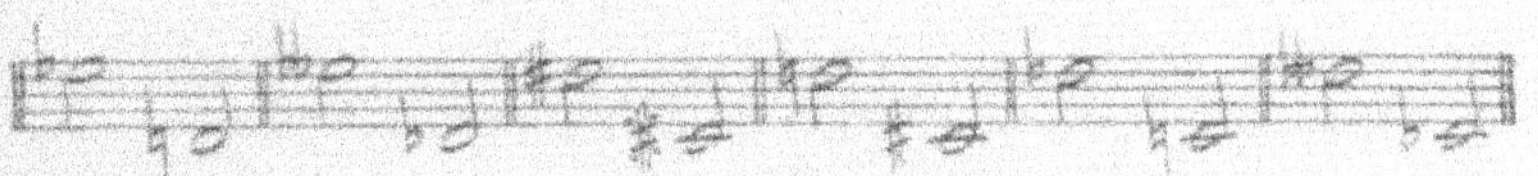

L'intervalle d'une Neuvième majeure est formé
de six tons et deux demi tons Diatoniques.

L'intervalle d'une Dixième diminuée est formé
d'une Octave et deux demi tons diatoniques.

Deuxième leçon.

Des Accords consonnants.

Il y a deux accords consonnants : l'accord parfait
majeur et l'accord parfait mineur.

L'accord parfait majeur se compose de trois sons
ou trois notes ; la première note prend le nom de
Tonique ou Basse ou Fondamentale ; (c'est cette
première note qui sert de point de départ pour trouver
les deux autres notes complétant l'accord) la deuxième

note se nomme *Tierce majeure*, enfin la troisième
prend le nom de *Quinte juste*.

Exemple :

On demande un accord parfait majeur sur une
tonique appelée Fa ♮. Je cherche la deuxième note
et je trouve un La ♮ qui est une tierce majeure au
dessus de Fa ♮; je cherche la troisième note et je
trouve Do ♮ qui est une quinte juste au dessus de
Fa ♮. (Voir l'analyse des intervalles, 1ʳᵉ leçon.)

Il est permis de doubler la tonique, c'est-à-dire
faire entendre avec la tierce et la quinte la même note
que la tonique, il est permis aussi de doubler la tierce
et la quinte, mais toujours au dessus de la basse, car
la tonique ou basse ou fondamentale doit toujours être
la note la plus grave. On reconnaît qu'on doit faire
cet accord quand au dessus de la tonique ou basse il
y a un de ces trois chiffres : 5, 3 ou 8.

Un accord parfait majeur a trois positions; la
première est quand, sur une tonique donnée, on commence
par doubler cette tonique, puis la tierce et la quinte;
la seconde position est quand, sur une tonique donnée, on
complète l'accord en commençant par la tierce, puis la

quinte et la basse doublée; la troisième position est quand,
sur une tonique donnée, on fait l'accord en commençant
par la quinte, puis la basse doublée et enfin la tierce.

Exemple.

Ces trois positions servent à éviter les trop grands intervalles, et à éviter aussi des fautes non seulement
mauvaises et défendues par les règles de l'harmonie, mais
mauvaises pour l'oreille, comme on va s'en convaincre
par les deux exemples suivants.

Suivons la note supérieure de la main droite et remarquons qu'elle est à la distance d'une quinte juste avec
la basse jusqu'à la fin du morceau, ce qui constitue des
fautes de quintes. Suivons maintenant la note la plus
grave de la main droite et remarquons qu'elle est à la distance d'une octave avec la basse jusqu'à la fin du morceau,
ce qui constitue des fautes d'octave; voilà les deux fautes expres-
sément défendues. Harmonisons la même basse en observant
le mouvement contraire obtenu par des changements de position, et nous verrons que l'effet en sera meilleur.

On doit comprendre la marche du mouvement contraire obtenu par des changements de position, de manière que l'harmonie monte quand la basse donnée descend, et vice versa..

Nous avons dit que cet accord se chiffrait par 5, 3 ou 6; lorsqu'un signe accidentel sera indispensable pour rendre la tierce majeure, on prendra de préférence le chiffre 3, ainsi qu'on doit le remarquer au troisième accord des deux exemples précédents.

Basse chiffrée à harmoniser (c'est-à-dire, écrire à la main droite les notes qui complètent les accords représentés par les chiffres.)

Cette basse se trouve harmonisée à la fin du volume, on lui comparera son travail. Je ne saurais trop répéter d'observer les mouvements contraires par les changements de position. Quoique toutes les basses chiffrées de cet ouvrage soient faites pour le piano, je conseille de ne pas écrire l'harmonie de ces basses d'une manière trop élevée, on fera en sorte de ne pas aller au dessus de cette note ni au dessous de celle-ci

L'accord parfait mineur se compose de trois sons ou trois notes; la première note prend le nom de Tonique ou Basse ou Fondamentale, (c'est cette première note qui sert de point de départ pour trouver les deux autres notes complétant l'accord) la deuxième note se nomme Tierce mineure, enfin la troisième prend le nom de Quinte juste.

Exemple.

On demande un accord parfait mineur sur une tonique appelée Ré ♮; Je cherche la deuxième note et je trouve un Fa ♮ qui est une tierce mineure au dessus de Ré ♮; je cherche la troisième note et je trouve La ♮ qui est une quinte juste au dessus de Ré ♮. (Voir l'analyse des intervalles, 1re leçon.)

Il est permis de doubler la tonique comme dans l'accord parfait majeur; il est permis aussi de doubler la tierce et la quinte, mais toujours au dessus de la basse, car la tonique ou basse fondamentale doit toujours être la note la plus grave. On reconnaît qu'on doit faire cet accord quand au dessus de la tonique ou basse il y a un de ces trois chiffres : 5, 3 ou 8.

L'accord parfait mineur a trois positions; la première est quand sur une tonique donnée, on commence par doubler cette tonique, puis la tierce et la quinte; la seconde position est quand, sur une tonique donnée, on complète l'accord en commençant par la tierce, puis la quinte et la basse doublée; la troisième position est quand, sur une tonique donnée, on fait l'accord en commençant par la quinte, puis la basse doublée et enfin la tierce.

Exemple.

Ces trois positions servent à éviter les trop grands intervalles et à éviter aussi des fautes non seulement mauvaises et défendues par les règles de l'harmonie, mais mauvaises pour l'oreille, comme on va s'en convaincre par les deux exemples suivants.

Suivons la note supérieure de la main droite et remarquons qu'elle est à la distance d'une quinte juste avec la basse jusqu'à la fin de l'exemple, ce qui constitue des fautes de quintes. Suivons maintenant la note la plus grave de la main droite et remarquons qu'elle est à la distance d'une octave avec la basse jusqu'à la fin de l'exemple, ce qui constitue des fautes d'octaves, fautes défendues par les règles de l'harmonie.

Harmonisons la même basse en observant le mouvement contraire que nous obtiendrons par les changements de position, l'effet sera préférable.

On doit comprendre la marche du mouvement

contraire obtenue par des changements de position de manière que l'harmonie monte quand la tonique des.ceud et vice versa.

Nous avons dit que cet accord se chiffrait par 5, 3 ou 8, ainsi que l'accord parfait majeur; lorsqu'un signe accidentel sera indispensable pour rendre la tierce mineure, on prendra de préférence le chiffre 3 ainsi qu'on doit le remarquer au troisième accord des deux exemples précédents.

Cet accord se traite de la même manière que l'accord parfait majeur, il n'y a de différence que dans la composition de la tierce qui n'a qu'un ton et demi dans l'accord parfait mineur, tandis que dans l'accord parfait majeur elle a deux tons.

La quinte ne change pas dans les deux modes.

Basse chiffrée à harmoniser (c'est à dire, écrire à la main droite les notes qui complètent les accords représentés par les chiffres.)

Cette basse se trouve harmonisée à la fin du volume, on lui comparera son travail. Je recommande d'observer les mouvements contraires par les changements de position.

L'élève devra après chaque nouvel accord, faire une basse lui même, la chiffrer et l'harmoniser. Voici de quelle manière : Il faut d'abord tracer un nombre de mesures pair, soit 4, 8, 10, 12, 16, etc, etc; ensuite il faut arrêter le ton dans lequel on fera ce devoir et mettre les accidents à la clef si besoin est, puis on écrit la mesure, (je conseille d'écrire les devoirs quant à présent avec la mesure à quatre temps, dans laquelle on mettra deux accords, ce qui fera des blanches) et on commence évidemment par un accord parfait soit majeur, soit mineur, selon le mode arrêté.

Voici pour les devoirs qui n'ont que des accords consommants ce qu'il faut observer: Après avoir fait entendre le 1er accord, on peut aller à son gré sur un autre accord parfait soit majeur soit mineur et en passant par tous les tons si on le veut (au moyen de signes accidentels devant les notes) à la condition cependant de finir dans le ton où on a commencé; on aura soin que les notes qui forment les toniques ou basses ou fondamentales se trouvent éloignées d'une tierce majeure ou mineure, d'une quarte ou d'une quinte juste et d'une sixte majeure ou mineure; on ne peut faire suivre les notes de basse à la distance d'une seconde majeure ou mineure qu'une fois.

L'Élève trouvera l'application de ces différents principes dans les basses chiffrées, ainsi que dans les exemples de cette deuxième leçon.

Troisième leçon

Renversements des Accords parfaits majeur et mineur.

Les deux accords qui ont été expliqués dans la deuxième leçon ont chacun deux renversements.

Le premier renversement de l'accord parfait majeur se nomme accord de Sixte mineure et se compose d'une Basse, d'une tierce et d'une sixte mineures. (voir l'analyse des intervalles) Il se reconnaît à un 6 placé au dessous de la tonique.

Exemples:

On pourrait multiplier les exemples, c'est ce que l'élève devra faire dans ses devoirs.

Le deuxième renversement de l'accord parfait majeur se nomme accord de Quarte et sixte et se compose d'une tonique, d'une quarte juste et d'une sixte majeure. (voir l'analyse des intervalles) on le reconnaît à un $\frac{6}{4}$ placé au dessus de la tonique.

Exemples:

Voici la formation des renversements de l'accord parfait majeur.

On voit que la basse de l'accord de sixte est la tierce de l'état direct; la basse de l'accord de quarte et sixte est la quinte de l'état direct. Nous avons dit qu'il était permis de doubler la basse dans les accords conson-nants à l'état direct; c'est défendu dans les renver-sements; on peut doubler les autres notes concou-rant à la formation des renversements.

Exemple.

L'élève doit faire des devoirs sur l'accord de sixte et l'accord de quarte et sixte en y mêlant des accords consonnants; je ne dis ici que ce qui a rapport aux renversements de l'accord parfait majeur, les accords consonnants se trouvant expliqués dans la deuxième leçon.

On doit commencer par un accord consonnant à l'état direct; Un renversement d'accord consonnant venant après un accord parfait se posera sur une basse dont l'accord parfait formant son état direct sera espacé de l'accord consonnant précédent des intervalles convenus pour les toniques d'accords consonnants.

Exemple:

Le 2ᵉ accord (sixte mineure) ayant Fa ♯ comme état direct ne peut se faire entendre après l'accord consonnant de Do ♮ parce que les notes Do et Fa ♯ (état direct sous entendu) forment l'intervalle de quinte diminuée.

Lorsqu'on fait une sixte, il faut après, 1° monter la basse de cette sixte d'une seconde mineure, et dessus faire entendre l'accord parfait soit majeur soit mineur.

Lorsqu'on fait une sixte, on peut après, 2° monter ou descendre la basse de cette sixte d'une seconde mineure, et dessus faire entendre un accord de sixte encore, puis monter ou descendre la basse d'un demi ton chromatique en faisant encore une sixte.

Exemple:

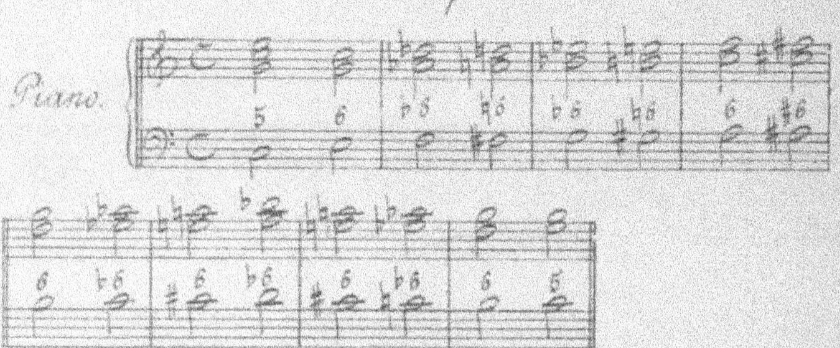

On doit remarquer que dans cette suite de sixtes chromatiques la main droite ne fait pas de mouvements contraires mais des mouvements semblables, ce qui doit être dans ce cas. Les accidents placés devant les chiffres se reportent aux notes qui correspondent à ces chiffres.

Lorsqu'on fait une sixte, on peut après, 3° descendre la basse de cette sixte d'un demi ton chromatique, et dessus faire entendre le premier renversement de l'accord parfait mineur, c'est ce dont on se rendra compte quand nous en serons aux renversements de l'accord parfait mineur.

Lorsqu'on fait une sixte, on peut après, 4° monter la basse de cette sixte d'une tierce mineure et faire entendre un accord parfait majeur.

Lorsqu'on fait une sixte, on peut après, 5° baisser la basse d'une seconde majeure, et faire entendre le second renversement de l'accord parfait majeur (4).

Lorsqu'on fait une sixte, on peut après, 6° monter la basse d'une seconde majeure et faire entendre l'accord de quinte diminuée (4° leçon)

Lorsqu'on fait une sixte, on peut après, 7° monter la basse d'une seconde mineure, et dessus faire entendre le premier renversement de l'accord parfait mineur, ou le deuxième renversement de l'accord parfait majeur ou mineur (4).

Lorsqu'on fait une sixte, on peut après, 8° descendre la basse d'une tierce majeure et dessus faire entendre un accord parfait majeur.

Lorsqu'on fait une sixte, on peut après, 9° garder la même basse et faire entendre un accord parfait soit majeur, soit mineur; On alternera dans les devoirs ces neuf moyens.

Lorsqu'on fait l'accord de Quarte et Sixte, on devra sur l'accord suivant avoir la même basse que celle qui a faire l'accord de 4, et dessus faire entendre un accord parfait majeur.

Basse chiffrée a harmoniser.

(3)

Voir à la fin du volume.

———

Le premier renversement de l'accord parfait mineur se nomme accord de sixte majeure et se compose d'une Basse, d'une tierce majeure et d'une sixte juste, (voir l'analyse des intervalles) Il se reconnait à un 6 placé au dessus de la tonique.

Exemples:

Il est inutile de multiplier les exemples ici.

Le deuxième renversement de l'accord parfait mineur se nomme accord de Quarte et Sixte et se compose d'une Basse, d'une quarte juste et d'une sixte mineure; (Voir l'analyse des intervalles) On le reconnait à un $\frac{6}{4}$ placé au dessus de la tonique.

Exemples:

Voici la formation des renversements de l'accord parfait mineur.

On voit que la basse de l'accord de sixte est la tierce de l'état direct, la basse de l'accord de quarte et sixte est la quinte de l'état direct. Il est défendu de doubler la basse, mais on est libre de doubler les autres notes.

Voici ce que l'élève devra observer concernant les devoirs à faire sur ces deux renversements. Lorsque sur une basse on fait le premier renversement de l'accord parfait mineur il faut ensuite: 1° monter la basse d'une seconde majeure, et dessus on fait un accord parfait mineur. Lorsque sur une basse on a fait le premier renversement de l'accord parfait mineur, on peut après, 2° monter la basse d'une tierce majeure et faire entendre un accord parfait majeur; on peut 3° descendre la basse d'une seconde mineure et faire entendre le second renversement de l'accord parfait soit majeur soit mineur; on peut 4° monter la basse d'un demi ton chromatique et faire entendre le premier renversement de l'accord parfait majeur; on peut 5° faire descendre la basse d'une tierce mineure, et dessus faire un accord parfait mineur; on peut 6° garder la même basse et faire entendre un accord parfait majeur; on peut 7° descendre la basse d'un demi ton diatonique et faire entendre un accord parfait majeur; on peut 8° monter la basse d'un ton et faire entendre dessus une sixte mineure ou une quarte et sixte majeure ou mineure. L'élève emploiera ces huit moyens.

Lorsque sur une basse on fait le deuxième renversement de l'accord parfait mineur, on devra après, faire un accord parfait majeur ou mineur sur la même basse ; on peut aussi faire cet accord parfait majeur ou mineur avant l'accord de $\frac{6}{4}$, mais toujours sur la basse qui a formé cet accord de quarte et sixte.

Basse chiffrée à harmoniser.

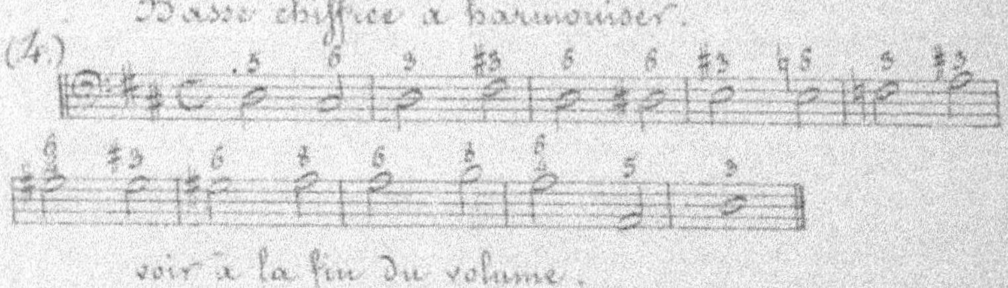

(4.)

voir à la fin du volume.

Quatrième leçon.

Des Accords dissonnants.

Il y a treize accords dissonnants ; le premier est l'accord de Quinte diminuée ; cet accord se compose d'une Basse, d'une tierce mineure et d'une quinte diminuée. (voir l'analyse des intervalles) on le reconnaît à un 5 traversé d'une barre.

Exemple:

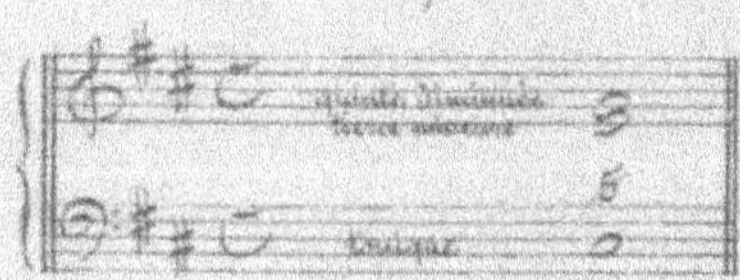

Il est défendu de doubler la basse comme dans les renversements des accords parfaits, cependant on peut doubler les autres notes; il est toujours convenu qu'on doit se servir des changements de position.

Les accords dissonants ainsi que leurs renversements ont une Résolution ou Suite, c'est à dire qu'on ne peut faire entendre un accord dissonant sans faire entendre immédiatement après un autre accord que l'on nomme résolution.

Le principe général de la Résolution est: Tout intervalle augmenté doit monter d'un degré dans sa résolution, tout intervalle diminué doit descendre d'un degré dans sa résolution.

La résolution ordinaire de l'accord de quinte diminuée a lieu en faisant monter la basse d'un demi ton diatonique et sur ce demi ton on fait un accord parfait majeur ou mineur, mais en supprimant la quinte de cet accord parfait; c'est en vertu du principe expliqué plus haut que la quinte est supprimée dans la résolution de l'accord de quinte diminuée.

Exemple.

On voit que l'accord qui suit l'accord de quinte diminuée a la quinte supprimée.

On peut avant l'accord de quinte diminuée, faire entendre le 1er renversement de l'accord parfait majeur sur la tonique qui aura cet accord de quinte diminuée.

(voir les 5e. et 6e. accords de l'exemple qui précède)

Basse chiffrée à harmoniser.

(5)

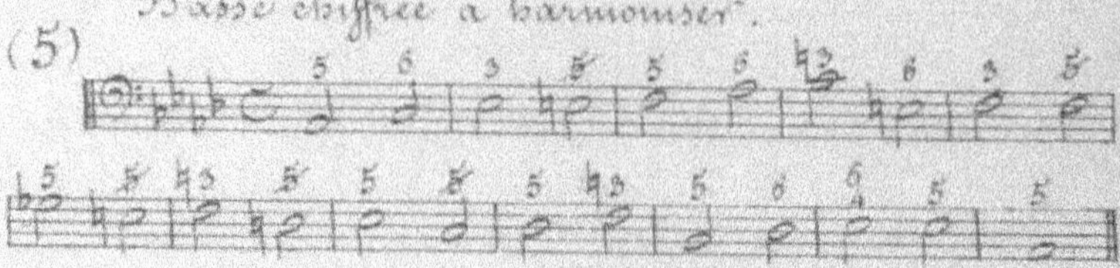

voir à la fin du volume.

L'élève fera un devoir sur l'accord de quinte diminuée et devra y mêler les accords appris précédemment.

Cinquième leçon.

Renversements de l'accord de Quinte diminuée.

L'accord de quinte diminuée a deux renversements:
le premier renversement se nomme accord de sixte,
et se compose d'une Basse, d'une tierce mineure,
et d'une sixte majeure. (voir l'analyse des intervalles)
Il se reconnaît à un 6/3 placé au dessus de la basse,
le 3 est quelquefois précédé d'un signe accidentel,
pour rendre la tierce mineure.

Exemples:

Il est défendu de doubler la basse, mais on peut doubler les autres notes; il est toujours entendu qu'on doit changer de position.

La résolution ordinaire ou suite de ce renversement a lieu en descendant la basse d'un ton et en faisant sur ce ton l'accord parfait soit majeur soit mineur, ayant la quinte supprimée. On peut aussi monter la basse d'un demi ton diatonique et faire entendre sur ce demi ton le premier renversement de l'accord parfait mineur. On peut encore monter la basse d'un ton et faire entendre sur ce ton le premier renversement de l'accord parfait majeur. Ou enfin en montant la basse d'un ton et en faisant entendre sur ce ton l'accord de quinte diminuée suivi de sa résolution; l'élève a donc quatre résolutions à sa disposition en traitant ce renversement.

(6)   Basse chiffrée à harmoniser.

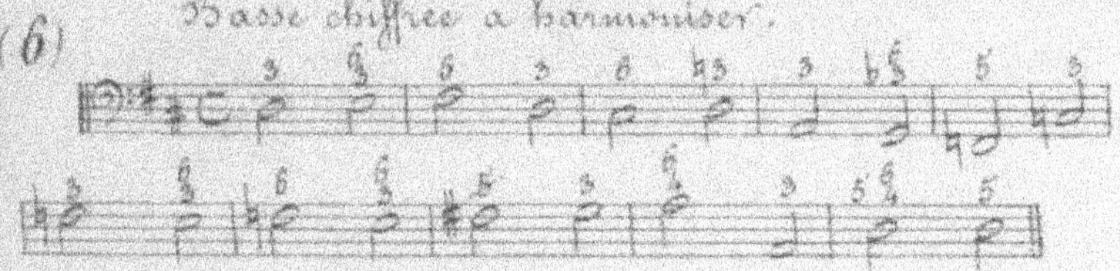

(deux chiffres sur une même note indiquent nécessairement deux accords sur une même tonique.) Voir à la fin du volume.

Le deuxième renversement de l'accord de quinte diminuée se nomme accord de quarte augmentée et sixte; il se compose d'une Basse, d'une quarte augmentée et d'une sixte majeure. (voir l'analyse des intervalles) cet accord se chiffre ainsi +$\frac{6}{4}$.

Exemples:

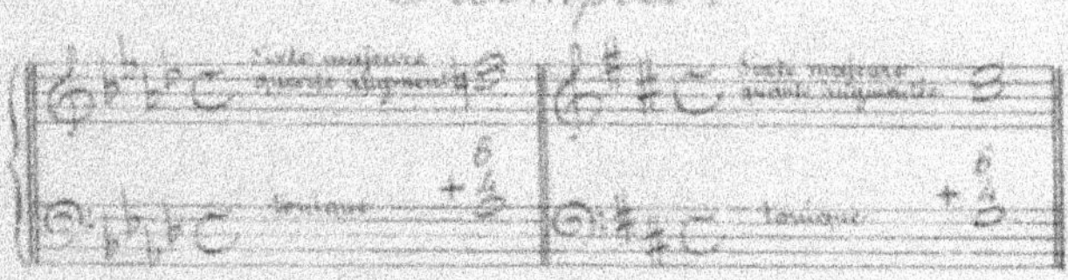

Il est défendu de doubler la basse, mais on peut doubler les autres notes si on le juge convenable.

La résolution ordinaire ou suite de ce renversement a lieu en descendant la basse d'une seconde mineure et en faisant entendre dessus le premier renversement de l'accord parfait majeur, ou bien en descendant la basse d'une seconde majeure et en faisant dessus le premier renversement de l'accord parfait mineur.

Exemples:

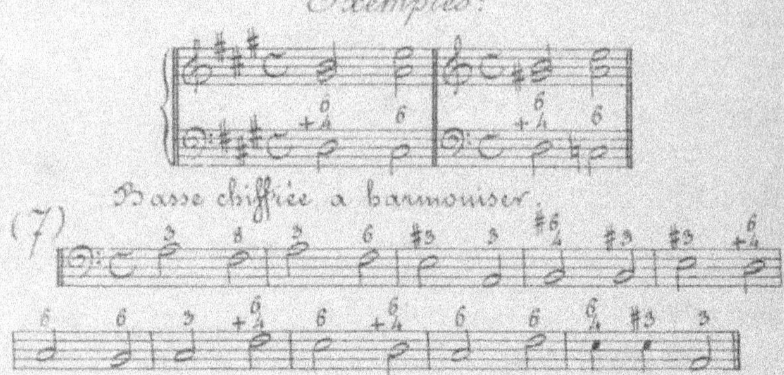

Basse chiffrée a harmoniser.

Voir à la fin du volume.

L'élève fera un devoir sur ce renversement en y joignant toujours les accords qui précèdent.

Sixième leçon.

Le deuxième accord dissonant est l'accord de quinte augmentée, cet accord se compose d'une basse, d'une tierce majeure et d'une quinte augmentée. (voir l'analyse des intervalles.) On le reconnaît à un + 5 précédé d'une croix.

Exemples:

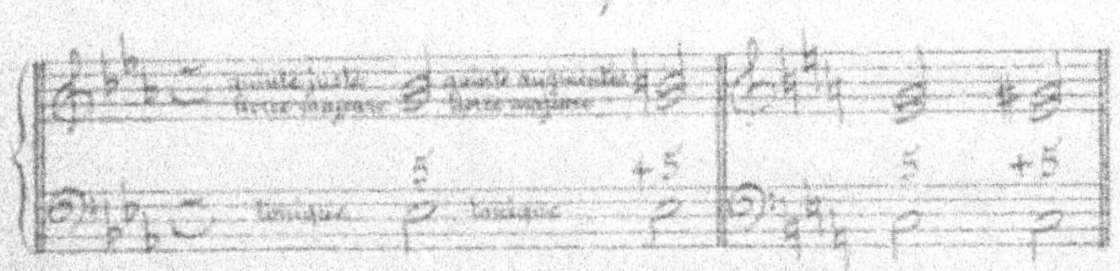

Il y a dans ces deux exemples un accord parfait majeur avant l'accord de quinte augmentée, parce que cet accord ne peut s'attaquer sans préparation; c'est donc l'accord parfait majeur qui le précède, qui lui sert de préparation.

On entend par préparation un accord qui a une ou plusieurs notes semblables à celle ou celles faisant partie de l'accord à préparer; les accords consonnants et leurs renversements forment de bonnes préparations, cependant les accords ou renversements d'accords dissonants peuvent bien préparer si toutefois ce qui a été dit en tête de ce paragraphe est observé.

La résolution ordinaire de l'accord de +5 se fait en descendant la basse d'une quinte juste et dessus accord parfait majeur.

Exemple:

On double la basse

Cet accord possède une autre résolution qui est celle-ci : la basse qui prépare l'accord de quinte aug- mentée reste pour faire cette quinte augmentée et reste encore après, pour faire entendre dessus le premier renversement de l'accord parfait mineur; dans ce cas la basse ne se double pas.

Exemple:

Il est permis aussi de garder la même basse et faire entendre le 2.ᵉ renversement de l'accord parfait majeur (⁶₄) sans doubler la basse.

Exemple:

L'élève a donc trois résolutions à observer dans son devoir.

Basse chiffrée à harmoniser.

(8)

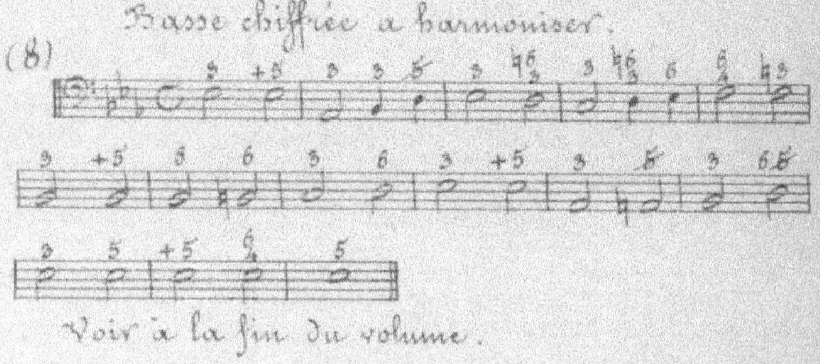

Voir à la fin du volume.

Septïème leçon.

Renversements de l'accord de Quinte augmentée.

L'accord de quinte augmentée a deux renversements; le premier renversement se nomme accord de Sixte, et se compose d'une Basse, d'une tierce majeure et d'une Sixte mineure. (voir l'analyse des intervalles.)

Il se marque ainsi ♯$\frac{6}{3}$ ou ♭$\frac{6}{3}$ ou ♮$\frac{6}{3}$ ou ♯$\frac{6}{3}$ selon le ton. On ne double point la basse.

Exemples:

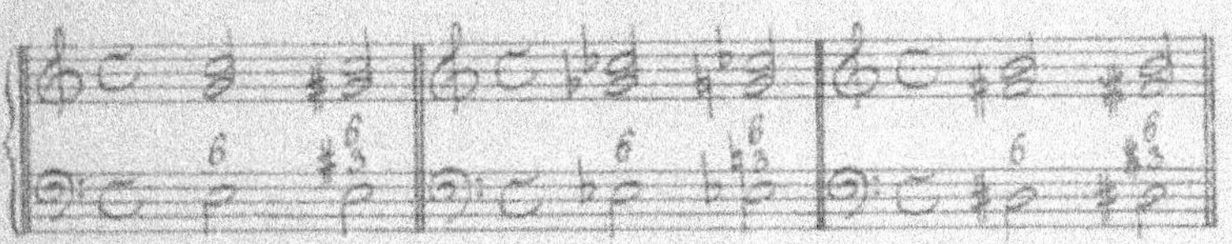

On prépare ce renversement en faisant entendre le 1ᵉʳ renversement de l'accord parfait majeur sur la tonique qui aura ensuite le 1ᵉʳ renversement de l'accord de quinte augmentée. (voir les trois exemples.)

La résolution ordinaire de ce renversement a lieu en montant la basse d'un demi ton diatonique, et dessus on fait un accord parfait majeur, sans doubler la basse.

Exemples:

(9) Basse chiffrée à harmoniser.

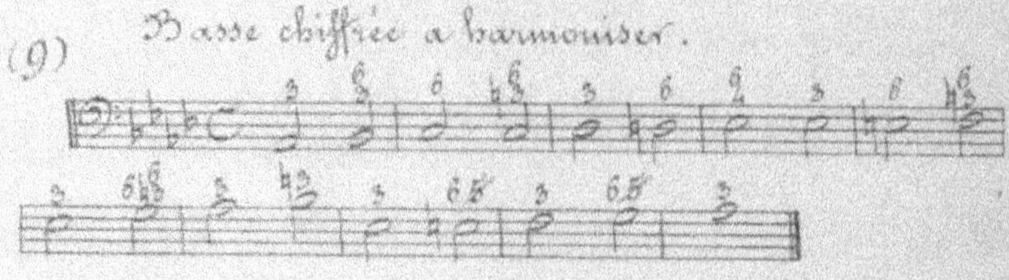

Voir à la fin du volume.

L'élève fera un devoir sur ce renversement en y joignant d'autres accords.

Le deuxième renversement de l'accord de quinte augmentée se nomme accord de quarte diminuée et sixte, il se compose d'une Basse, d'une quarte diminuée et d'une sixte mineure. (voir l'analyse des intervalles)

Il se marque ainsi ⁶₄. On ne double point la basse.
Exemples:

Ainsi que ces deux exemples doivent le faire remarquer, ce renversement ne s'attaque pas sans préparation, c'est le deuxième renversement de l'accord parfait majeur qui lui sert de préparation.

La résolution ordinaire de cet accord se fait en montant la basse d'une seconde mineure et en faisant entendre dessus le 1ᵉʳ renversement de l'accord parfait majeur, ou bien en montant la basse d'une seconde mineure et en faisant entendre dessus un accord parfait mineur.

Exemples:

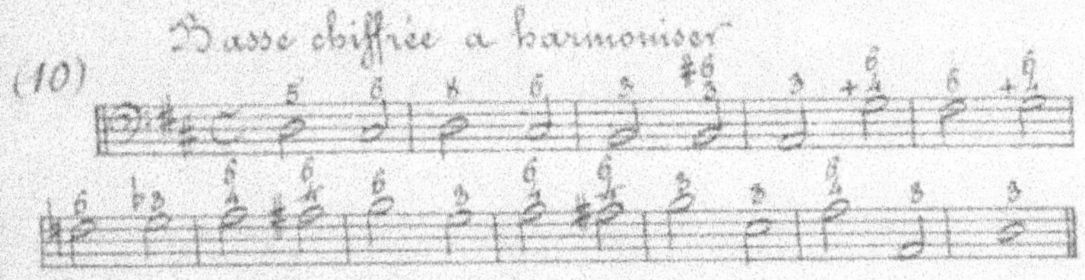

Voir à la fin du volume.
Faire un devoir en observant ces deux résolutions.

Huitième leçon.

Accord de quatre notes.

Le troisième accord dissonant est l'accord de Quinte juste et sixte augmentée; il se compose d'une tonique, d'une tierce majeure, d'une quinte juste et d'une sixte augmentée. (voir l'analyse des intervalles)

Il se chiffre ainsi $+\frac{6}{5}$. On ne double point la basse.

Exemples:

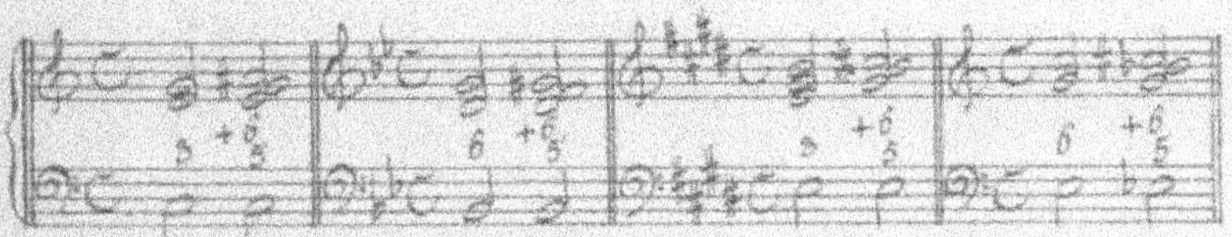

Cet accord doit être préparé, en faisant avant un accord parfait majeur, ou le premier renversement de l'accord parfait mineur sur la basse qui fera l'accord de $+\frac{6}{5}$; On peut aussi le préparer par une sixte mineure (premier renversement de l'accord parfait majeur) dont on descendra la basse d'un demi ton chromatique pour poser l'accord de $^{+6}_5$; les exemples indiquent ces trois préparations.

La résolution ordinaire de cet accord se fait de la manière suivante : la basse de l'accord de $^{+6}_5$ descend d'une seconde mineure et on fait entendre dessus le 2ᵉ renversement de l'accord parfait majeur ou mineur en doublant la basse par exception ; puis la basse de ce second renversement se fait encore entendre, et dessus on fait un accord parfait majeur ; enfin on descend la basse d'une quinte juste et on fait entendre dessus un accord parfait majeur ou mineur.

Cette résolution se compose de trois accords et en y ajoutant l'accord même et sa préparation cela fait cinq accords. On emploie cet accord lorsqu'on veut moduler une tierce majeure au dessus du ton où on est.

La note représentant la sixte augmentée doit monter d'une seconde mineure dans l'accord qui suit l'accord de $^{+6}_5$.

Exemples :

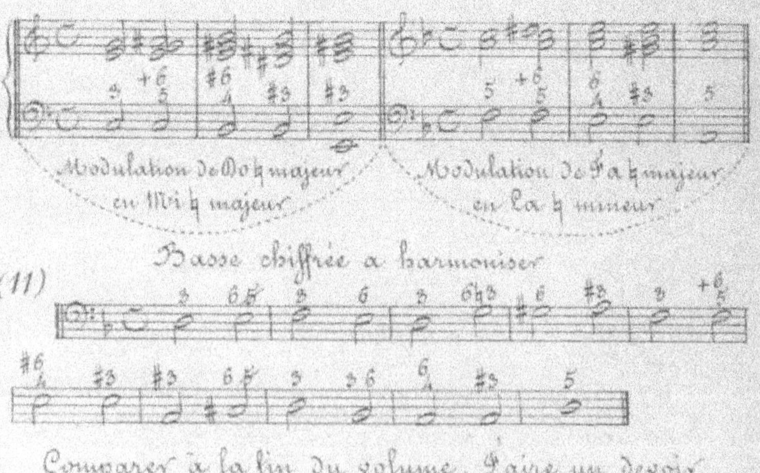

Basse chiffrée à harmoniser

(11)

Comparer à la fin du volume. Faire un devoir.

Neuvième leçon.

Seul renversement de l'accord de Quinte juste et Sixte augmentée.

Il se compose d'une Basse, d'une quinte diminuée, d'une Septième diminuée et d'une Dixième diminuée. (voir l'analyse des intervalles)

Il se chiffre ainsi $\frac{10}{5}$. On ne double point la basse.

Exemples:

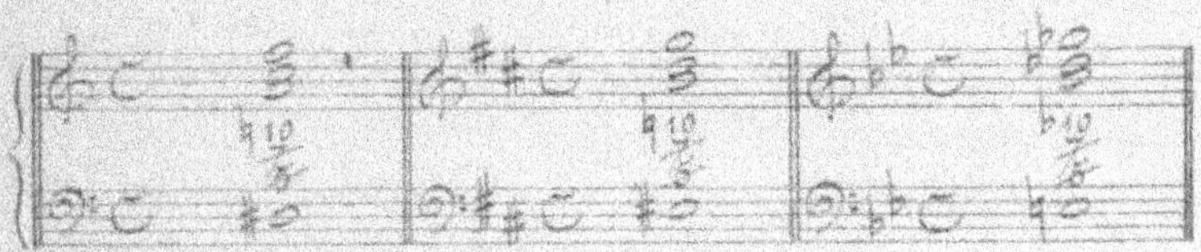

La résolution ordinaire de ce renversement a lieu de la manière suivante : la basse monte d'une seconde mineure et on fait entendre dessus le second renversement de l'accord parfait soit majeur soit mineur en doublant la basse; puis la basse de ce second renversement se fait encore entendre et dessus on fait un accord parfait majeur; enfin on descend la basse d'une quinte juste et on fait entendre dessus un accord parfait majeur ou mineur.

La préparation se fait par un accord parfait mineur dont on monte la basse d'un demi ton chromatique ou bien par un accord parfait majeur dont on descend la basse d'une tierce diminuée.

Exemples:

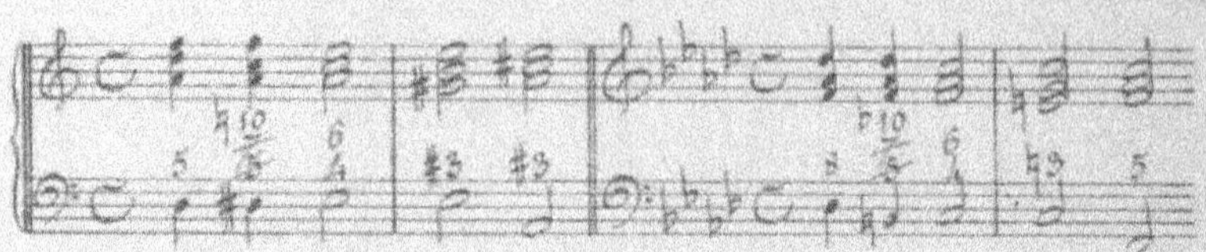

On obtient un bel effet en faisant entendre ce renver-sement, puis son état direct après l'accord de $\frac{6}{4}$ de chacun de ces accords.

Exemple:

Mais alors ainsi qu'on doit le remarquer par le dernier exemple, tous les accords de $\frac{6}{4}$ sont mineurs à l'exception du dernier qui prépare le mode majeur final.

Basse chiffrée à harmoniser.

(12)

Comparer à la fin du volume.

Faire un devoir.

Dixième leçon.

Le quatrième accord dissonant est l'accord de quarte et sixte augmentées ; il se compose d'une Basse, d'une tierce majeure, d'une quarte et d'une sixte augmentées. (voir l'analyse des intervalles)

Il se chiffre ainsi $\overset{+6}{+4}$.

On ne double point la basse.

Exemples.

Cet accord doit être préparé en faisant avant, le premier renversement de l'accord parfait mineur sur la basse qui fera l'accord de $\overset{+6}{+4}$; ou en faisant une sixte mineure dont on descendra la basse d'un demi ton chromatique ainsi que l'indiquent les exemples.

La résolution ordinaire a lieu en descendant la basse d'une seconde mineure et en faisant entendre dessus un accord parfait majeur.

Exemple.

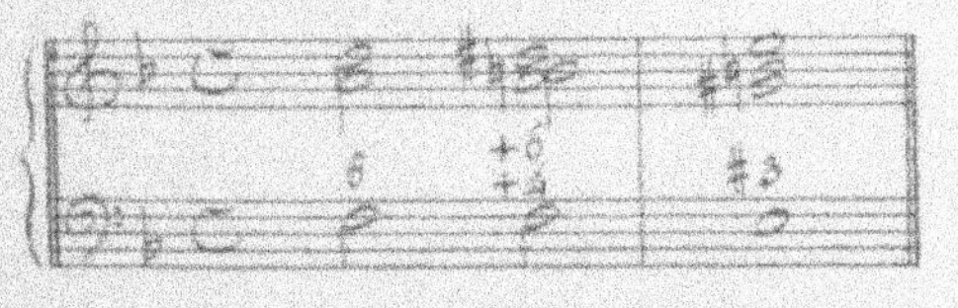

Il est permis de changer cet accord de $\overset{+6}{+4}$ en accord de $\overset{+6}{3}$ sur la même basse et vice versa.

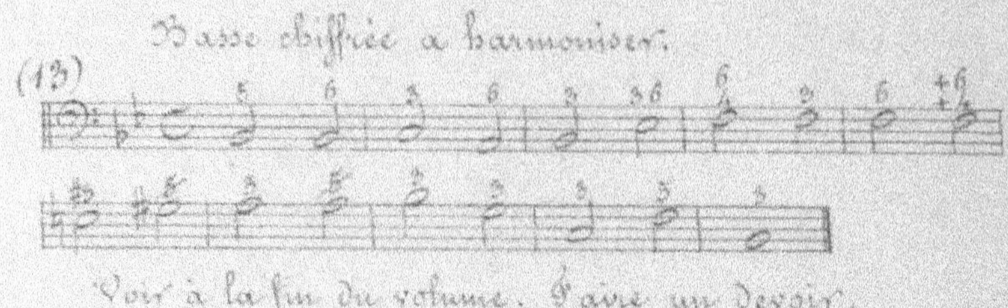

Voir à la fin du volume. Faire un devoir.

Onzième leçon.

Seul renversement de l'accord de Quarte et Sixte augmentées.

Il se compose d'une Basse, d'une quinte diminuée, d'une Sixte mineure et d'une dixième diminuée.
(voir l'analyse des intervalles)

Il se chiffre ainsi $\frac{9}{6}$. On ne double point la basse.

Exemples:

La résolution ordinaire a lieu en montant la basse d'une seconde mineure et en faisant entendre dessus l'accord parfait majeur.

Exemple:

On obtient un effet qui a quelque rapport à celui indiqué dans la 9ᵉ leçon, en faisant ce renversement, puis son état direct après leur résolution. Se prépare de même manière que le seul renversement de l'accord de 5.

Exemple:

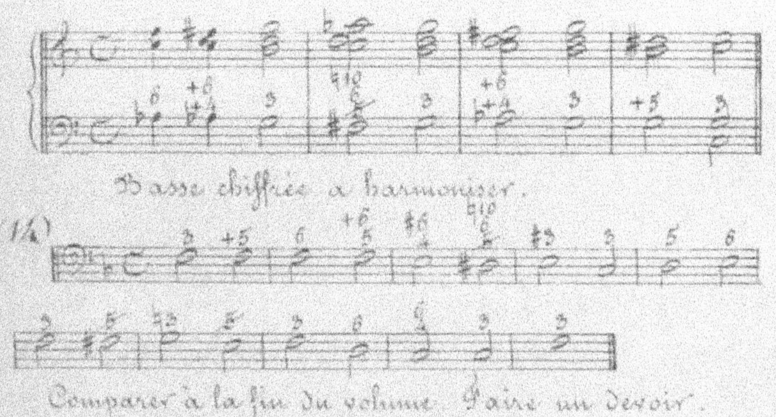

Basse chiffrée à harmoniser.

Comparer à la fin du volume. Faire un devoir.

Douzième leçon.

Le cinquième accord dissonnant est l'accord de Septième de Dominante; (appelé aussi accord de septième de 1ʳᵉ espèce) il se compose d'une Basse, d'une tierce majeure, d'une quinte juste et d'une septième mineure (voir l'analyse des intervalles.) Il se chiffre ainsi $\frac{7}{5}$ ou bien 7. On double la basse.

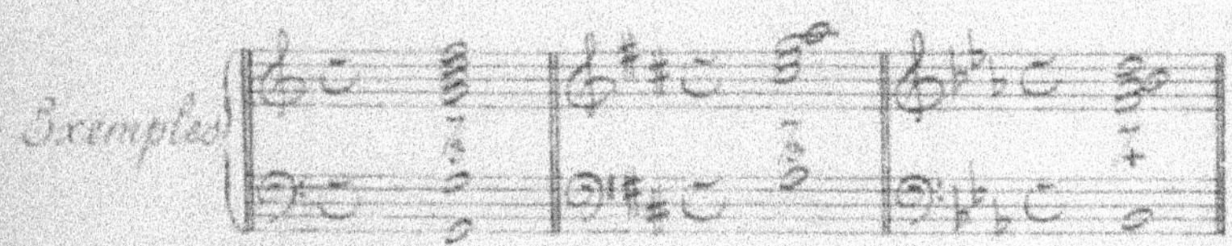

Exemples:

Sa résolution ordinaire ce fait en descendant la basse d'une quinte juste et en faisant entendre dessus cette quinte juste un accord parfait majeur ou mineur, mais en ayant soin que la septième note descende d'une seconde dans la résolution quelque soit sa position.

Exemples.

Nous venons de voir l'accord qui suit la septième de dominante; nous allons voir quels accords on peut faire avant, et par quels moyens les enchaîner; on est cependant libre de faire avant la 7, l'accord qu'il plaira car la septième de dominante ne se prépare pas.

On peut faire l'accord de septième de dominante après le 1er renversement de l'accord parfait mineur en faisant descendre d'une seconde mineure la basse de ce 1er renversement.

Exemple:

On peut faire un accord de septième de dominante après le 2e renversement de l'accord de quinte diminuée en faisant descendre d'une seconde mineure la basse de ce 2e renversement.

Exemple:

On peut faire entendre après l'accord de septième de
Dominante un de ses renversements, dans ce cas, la
résolution à faire sera celle de ce renversement.

On peut enfin faire des accords de septième de dominante successifs, c'est-à-dire que sur la basse qui a
formé la résolution on peut faire encore un 7.

Exemple:

On remarquera dans l'exemple précédent qu'après avoir
fait plusieurs 7 sur chaque note de basse formant la résolution, j'ai mis l'accord de quinte juste et sixte augmentée
sur une tonique qui, tout en formant la résolution de l'accord de 7 précédent se trouvait une tierce majeure au
dessous du ton de l'exemple. (voir la 8e leçon)

On peut aussi après l'accord de septième de dominante, faire monter la basse d'un demi ton chromatique
et faire entendre le premier renversement de l'accord de
septième de dominante, dans ce cas la basse de l'accord
de septième de dominante ne se double pas.

Exemple:

On peut aussi garder la même basse et faire entendre le 1er renversement de l'accord de septième de dominante, dans ce cas la basse ne se double pas.

Exemple 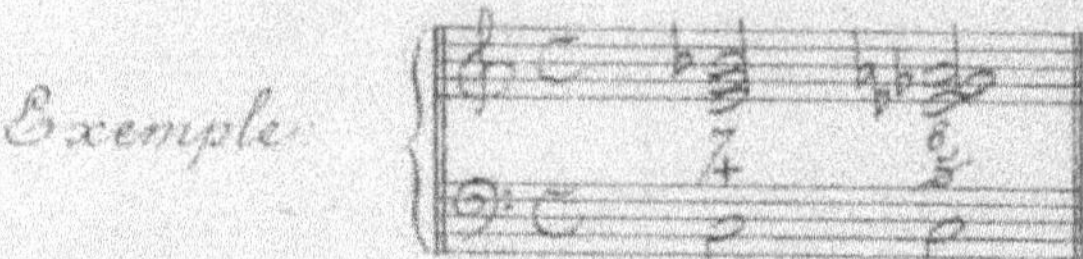

On peut encore monter la basse d'un demi ton chromatique et faire entendre l'accord de septième diminuée
(24e. leçon)

Basse chiffrée a harmoniser.

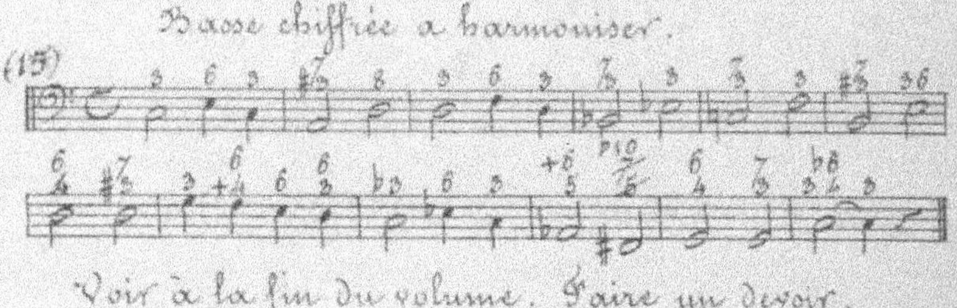

Voir à la fin du volume. Faire un devoir.

Treizième leçon.

Renversements de l'accord de
Septième de dominante.

L'accord de septième de dominante a trois renversements; le premier se nomme accord de quinte
diminuée et sixte et se compose d'une Basse, d'une
tierce mineure, d'une quinte diminuée et d'une

sixte mineure. (voir l'analyse des intervalles)

Il se chiffre ai : $\frac{6}{3}$. On ne double point la basse.

Exemples:

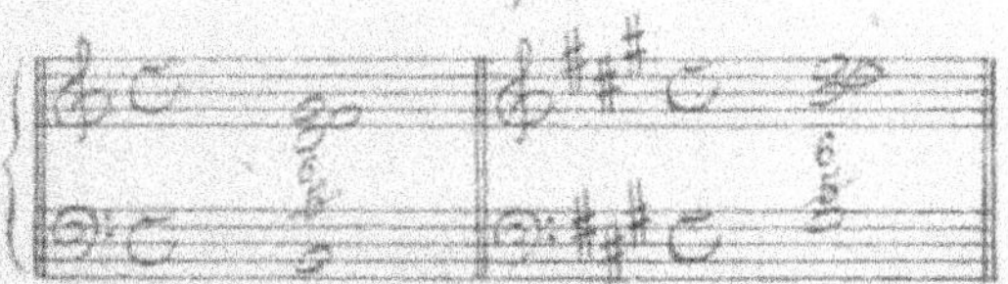

Sa résolution ordinaire a lieu en montant la basse d'une seconde mineure et en faisant entendre sur cette nouvelle basse l'accord parfait soit majeur soit mineur.

Exemples:

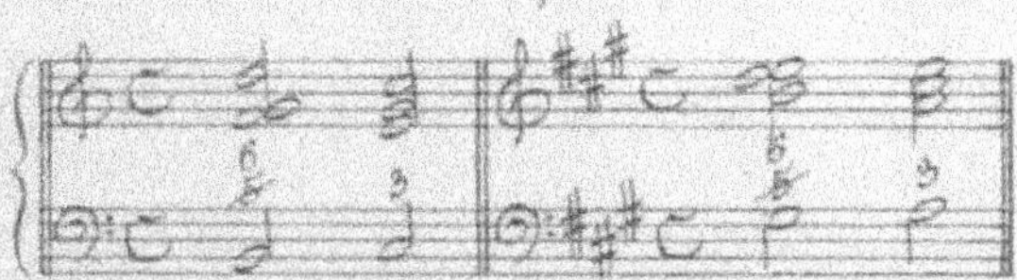

On peut encore descendre la basse d'un demi ton chromatique et faire entendre dessus ce demi ton, le 3e renversement de l'accord de $\frac{7}{3}$ qui est l'accord de $+\frac{4}{2}$.

Exemples:

On peut encore descendre la basse d'un demi ton chromatique et faire entendre dessus ce demi ton, l'ac-cord de $+\frac{6}{3}$.

Exemple:

On peut encore garder la même basse et faire entendre le premier renversement de l'accord de septième diminuée. (25ᵉ leçon)

Exemple:

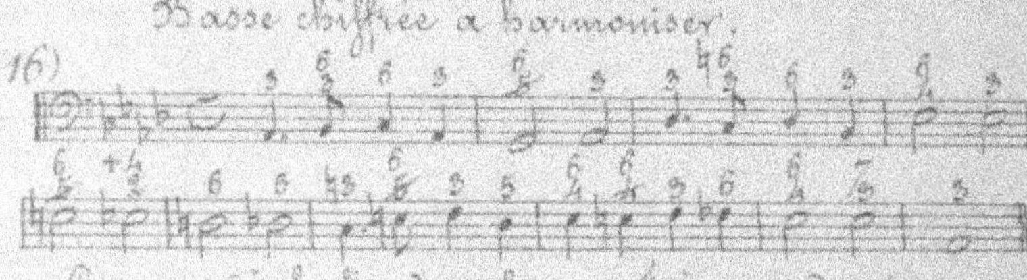

On peut enfin de ce renversement aller sur un autre renversement de la septième de dominante ou même sur l'état direct; dans ce cas la résolution à faire sera celle du renversement ou de l'état direct.

Basse chiffrée à harmoniser.

(16)

Comparer à la fin du volume. Faire un devoir.

Le second renversement de l'accord de septième de dominante se nomme accord de sixte sensible; il se compose d'une Basse, d'une tierce mineure, d'une quarte juste et d'une sixte majeure. (voir l'analyse des intervalles)

Il se chiffre ainsi $\frac{6}{4}$ ou +6.

On ne double point la basse.

Exemples:

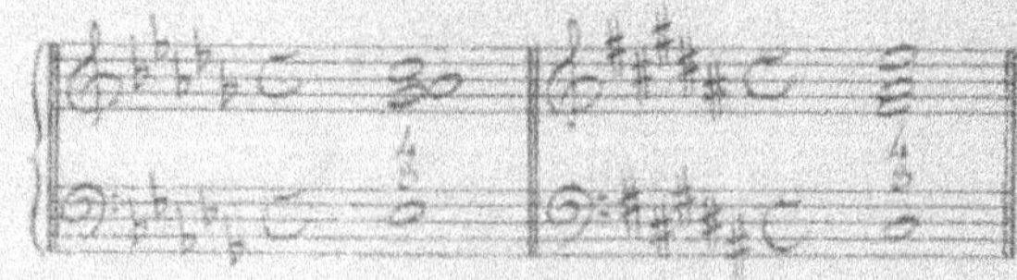

Sa résolution ordinaire se fait en descendant la basse d'une seconde majeure et en faisant entendre dessus l'accord parfait soit majeur soit mineur.

Exemples:

On peut aussi descendre la basse d'une seconde majeure et faire entendre dessus le second renverse. ment de l'accord parfait majeur ou mineur ayant la basse doublée.

Exemple

Basse chiffrée a harmoniser.

Voir a la fin du volume. Faire un devoir.

Le troisième renversement de l'accord de septième de dominante se nomme accord de Triton; il se com. pose d'une Basse, d'une seconde majeure, d'une quarte augmentée et d'une sixte majeure. (voir l'a. nalyse des intervalles.) Il se chiffre ainsi $+\frac{4}{2}$.

On ne double point la basse.

Exemples:

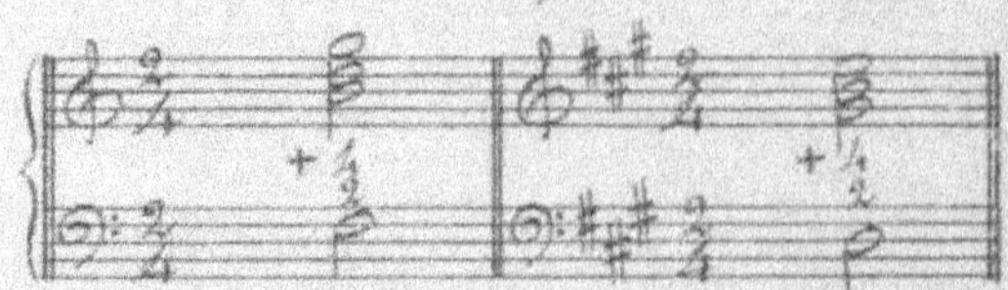

Sa résolution ordinaire se fait en descendant la basse d'une seconde mineure et en faisant entendre dessus le 1ᵉʳ renversement de l'accord parfait majeur, ou, après avoir fait l'accord de +$\frac{4}{2}$ la basse descend d'une seconde majeure et on fait entendre dessus le 1ᵉʳ renversement de l'accord parfait mineur; On peut aussi après avoir fait l'accord de +$\frac{4}{2}$ descendre la basse d'une seconde mineure et faire entendre dessus l'accord de septième de dominante; On peut enfin descendre la basse d'un demi ton diatonique et faire entendre le 1ᵉʳ renversement de l'accord de septième diminuée (25ᵉ leçon)

Exemples:

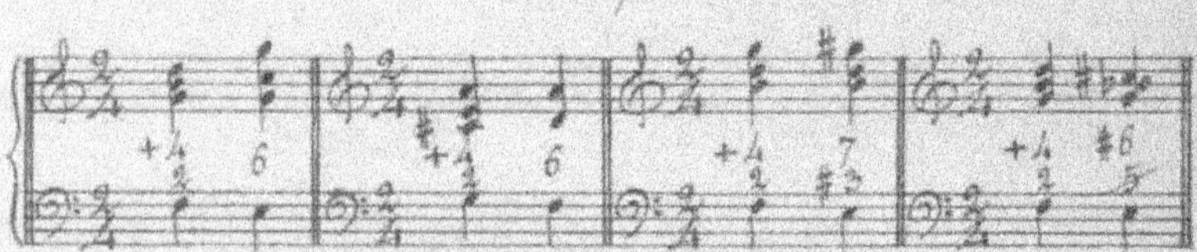

Basse chiffrée à harmoniser.

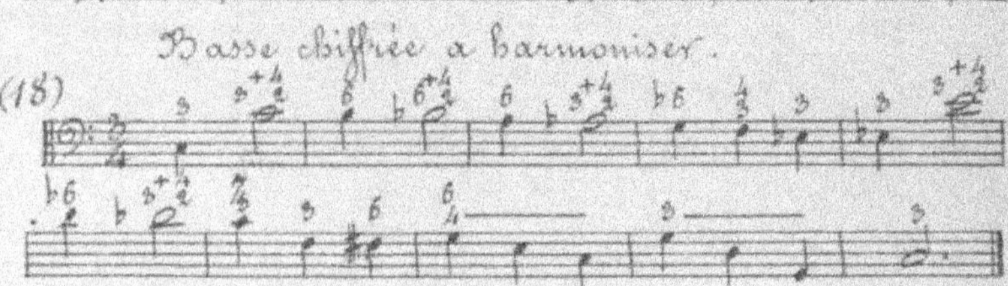

Un trait au dessus de plusieurs toniques indique qu'il faut tenir ou répéter l'accord qui se trouve au commencem.ᵗ de ce trait jusqu'à sa terminaison. (voir l'exemple précédent) Comparer à la fin du volume. Faire un devoir.

Quatorzième leçon.

Le sixième accord dissonant est l'accord de septiè‑
‑me de dominante avec quinte augmentée ; il se compo‑
‑se d'une Basse, d'une tierce majeure, d'une quinte
augmentée et d'une septième mineure. (voir l'analy‑
‑se des intervalles.)

Il se chiffre ainsi +5̶. On peut doubler la basse.

Exemples.

Cet accord doit être préparé par un accord parfait
majeur ou un accord de septième de dominante sur la
basse qui formera l'accord de +5̶. Il faut avoir soin
d'éloigner d'une octave la quinte augmentée de la sep‑
tième à cause de son effet dur.

Sa résolution ordinaire a lieu en descendant la
basse d'une quinte juste et en faisant entendre dessus
un accord parfait majeur.

Exemples:

Basse chiffrée a harmoniser.

(19)

Voir à la fin du volume. Faire un devoir.

Quinzième leçon.

Renversements de l'accord de septième de dominante avec quinte augmentée.

L'accord de septième de dominante avec quinte augmentée a trois renversements qui sont rarement employés en harmonie; je me contente d'en donner leur formation et leur résolution.

Le premier renversement de l'accord de septième de dominante avec quinte augmentée se compose d'une Basse, d'une tierce majeure, d'une quinte diminuée et d'une sixte mineure. (voir l'analyse des intervalles.)

Il se chiffre ainsi $\frac{6}{3}$ avec un accident devant le chiffre 3 s'il est nécessaire pour rendre la tierce majeure.

On ne double point la basse.

Exemples.

On voit dans ces deux exemples que la tierce majeure est éloignée de la quinte diminuée.

Sa résolution ordinaire a lieu en montant la basse
d'une seconde mineure et en faisant entendre dessus
l'accord parfait majeur.

Exemples:

Le second renversement de l'accord de septième de
dominante avec quinte augmentée se compose d'une Basse,
d'une tierce diminuée, d'une quarte diminuée et
d'une sixte mineure. (voir l'analyse des intervalles.)

Il se chiffre ainsi $\frac{6}{4}$. On ne double point la basse.

Exemples:

On remarquera dans ces deux exemples que la
tierce diminuée est éloignée de la tonique.

Sa résolution ordinaire a lieu en montant la basse
d'une seconde mineure et en faisant entendre dessus
le premier renversement de l'accord parfait majeur.

Exemples:

On est obligé de doubler la basse dans l'accord de sixte, parce que la note (tierce diminuée) qui précède cette basse doublée, étant la septième note dans l'état direct, doit descendre dans la résolution.

Le troisième renversement de l'accord de septième de dominante avec quinte augmentée se compose d'une Basse, d'une seconde majeure, d'une quarte augmentée et d'une sixte augmentée. (voir l'analyse des intervalles.) Il se chiffre ainsi $+\frac{6}{4}$.

On ne double point la basse.

Exemples:

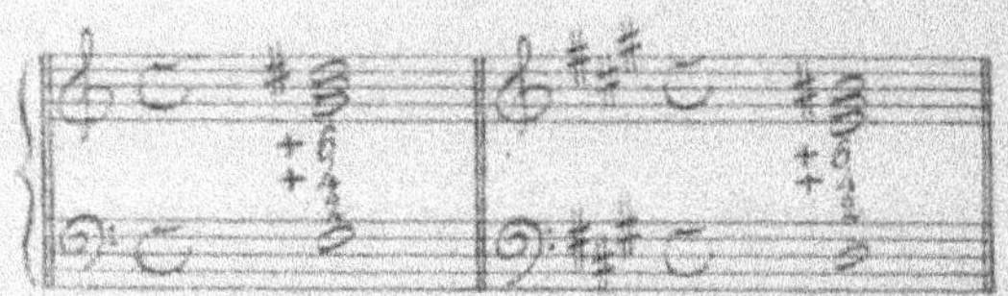

Sa résolution ordinaire a lieu en descendant la basse d'une seconde mineure et en faisant entendre dessus le premier renversement de l'accord parfait majeur.

Exemples:

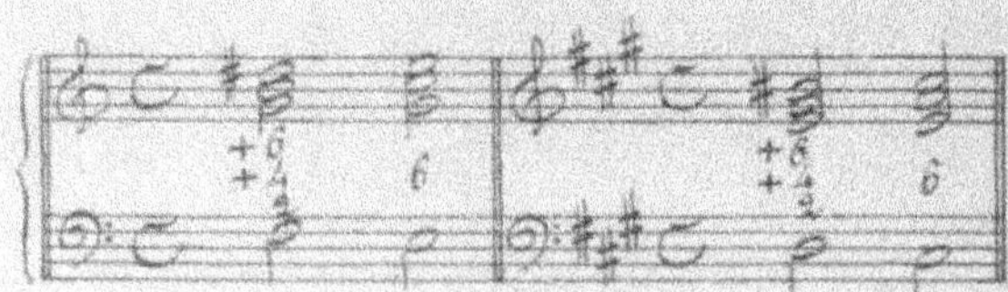

On double encore la basse dans la résolution de ce renversement, parce que, tout intervalle augmenté doit monter d'une seconde mineure.

Seizième leçon.

Le septième accord dissonant est l'accord de sep.
tième de seconde espèce ; il se compose d'une Basse,
d'une tierce mineure, d'une quinte juste et d'une sep.
tième mineure. (voir l'analyse des intervalles.)

Il se chiffre ainsi $\frac{7}{5}$. On ne peut doubler la basse.

Exemples :

La résolution ordinaire a lieu en descendant
la basse d'une quinte juste et en faisant entendre
dessus l'accord de septième de dominante en ayant
soin de faire descendre d'un demi ton diatonique la
septième note dans la résolution.

Exemples :

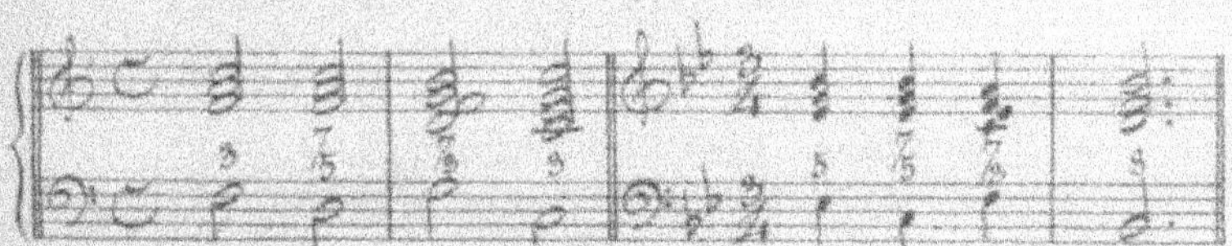

Nous venons de voir que l'accord de septième de
dominante sert de résolution a la septième de seconde
espèce, nous allons voir quels accords on peut faire
avant l'accord de septième de seconde espèce pour
lui servir de préparation.

On prépare le plus souvent cet accord par un

accord parfait majeur, on descend ensuite la basse de cet accord parfait majeur d'une tierce mineure, sur laquelle on fait entendre la septième de seconde espèce.

Exemple:

Autre préparation. On peut faire l'accord de septième de seconde espèce après l'accord de septième de dominante sur la même basse.

Exemple:

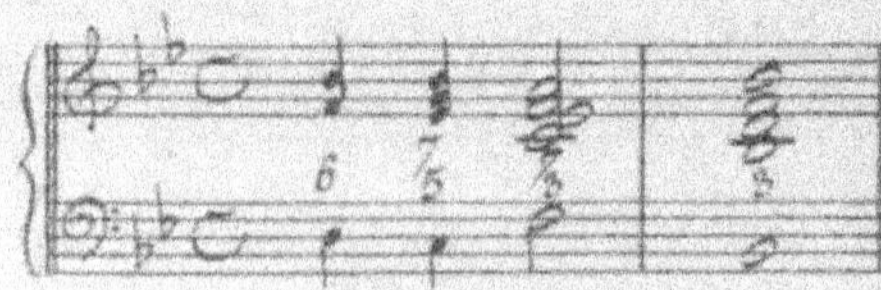

Autre préparation. On peut aussi faire l'accord de septième de seconde espèce après le 1er renversement de l'accord parfait majeur en faisant descendre d'une seconde majeure la basse de ce renversement.

Exemple:

Autre préparation. On peut encore faire l'accord de septième de seconde espèce après un accord parfait majeur ou mineur, en descendant la basse de cet accord parfait d'une seconde majeure.

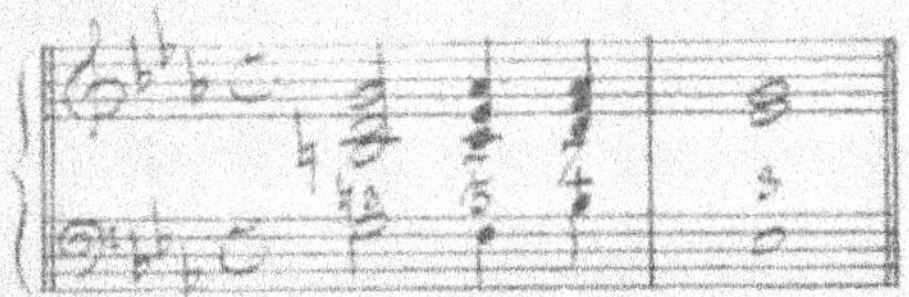

Autres résolutions. On peut faire entendre après l'accord de septième de seconde espèce un de ses renversements, dans ce cas, la résolution a faire sera celle du renversement.

On peut aussi après l'accord de septième de seconde espèce garder la même basse et faire entendre l'accord de sixte sensible (second renversem[t]. de l'accord de septième de dominante.)

Exemple:

Voir à la fin du volume. Faire un devoir.

Dix-septième leçon.

Renversements de l'accord de Septième de seconde espèce.

L'accord de septième de seconde espèce a trois renversements ; le premier se nomme accord de quinte et sixte justes et se compose d'une Basse, d'une tierce majeure, d'une quinte juste et d'une sixte majeure. (voir l'analyse des intervalles.)

Il se chiffre ainsi $\frac{6}{5}$. On ne double point la basse.

Exemples:

On le prépare par une sixte mineure dont on élève la basse d'un demi ton diatonique.

Se prépare encore par un accord parfait majeur sur la même basse.

Se prépare aussi par une sixte majeure sur la même basse.

Sa résolution ordinaire a lieu en montant la basse d'une seconde majeure et en faisant entendre dessus l'accord de septième de dominante suivi de sa résolution.

Exemple: 

Autre résolution. On peut encore faire monter la basse d'un demi ton chromatique et faire entendre dessus le premier renversement de l'accord de septième de dominante suivi d'une résolution.

Exemple:

Autre résolution. On peut encore conserver la même basse et faire entendre le troisième renversement de l'accord de septième de dominante.

Exemple.

Autre résolution. On peut aussi faire monter la basse d'un demi ton chromatique et faire entendre dessus l'accord de septième diminuée, (voir la 24e leçon) ou un de ses renversements. (voir la 25e leçon.)

Exemples:

Autre résolution. On peut encore garder la même basse et faire entendre l'accord de $+\frac{6}{3}$ ou celui de $\frac{+6}{+4}$.

Exemple:

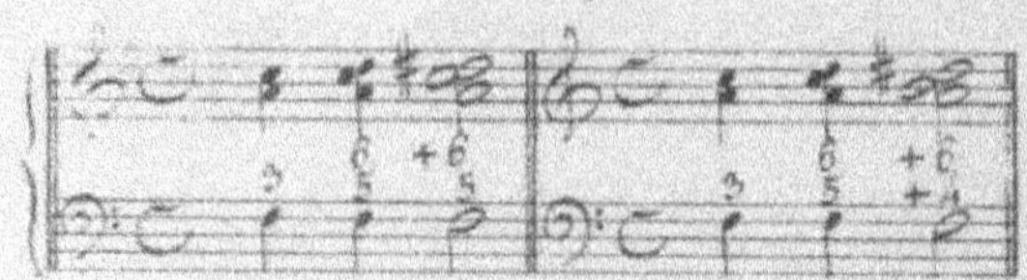

Basse chiffrée a harmoniser.

(21)

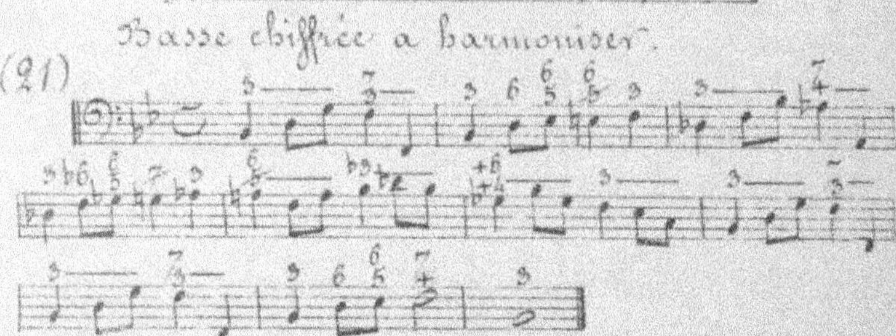

Comparer a la fin du volume. Faire un devoir.

Le second renversement de l'accord de septième de seconde espèce se nomme accord de tierce et quarte; il se compose d'une Basse, d'une tierce mineure, d'une quarte juste et d'une sixte mineure. (voir l'analyse des intervalles.)

Il se chiffre ainsi $\frac{6}{4}$. On ne double point la basse.

Exemple:

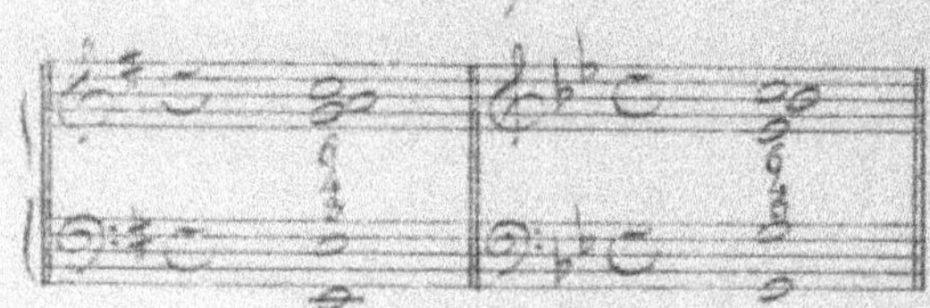

Sa résolution ordinaire a lieu en descendant la basse d'une seconde majeure et en faisant entendre dessus l'accord de septième de dominante.

Il se prépare en faisant entendre une sixte mineure sur la même basse, comme dans l'exemple suivant.

Exemple:

Autre résolution. On peut aussi après ce renversement descendre la basse d'un demi ton chromatique
et faire entendre l'accord de quarte et sixte augmentée.

Exemple:

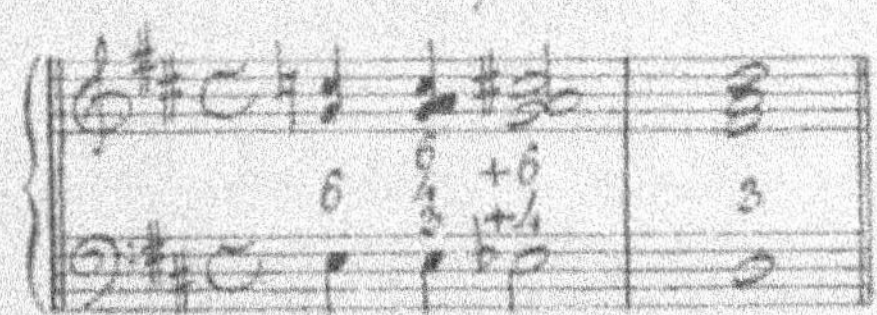

N. B. Un accord parfait se marque aussi par
un accident au dessus d'une tonique; la tierce de
cet accord devra se modifier selon la nature de cet accident.

Voir à la fin du volume. Faire un devoir.

Le troisième renversement de l'accord de septième de
seconde espèce se nomme accord de seconde et quarte
justes; il se compose d'une Basse, d'une seconde majeure, d'une quarte juste et d'une sixte majeure.
(voir l'analyse des intervalles.)

Il se chiffre ainsi $\frac{4}{2}$. On ne double pas la basse.

Exemples:

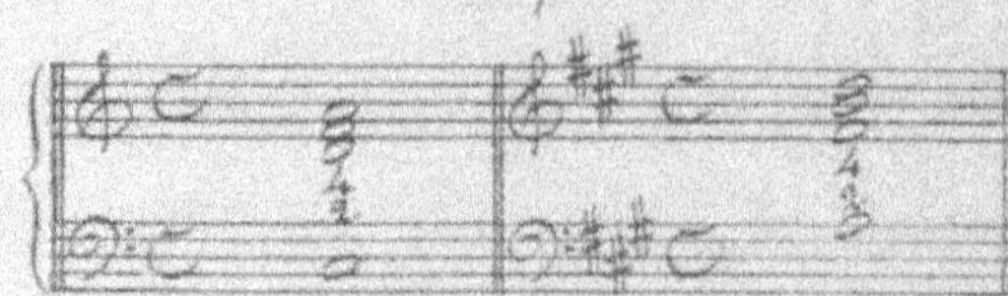

La résolution ordinaire a lieu en descendant la basse d'une seconde mineure et en faisant entendre dessus le 1er renversement de l'accord de septième de dominante.

Il se prépare par une sixte majeure sur la même basse.

Exemple.

Autre résolution. On peut aussi descendre la basse d'une seconde mineure et faire entendre le premier renversement de l'accord de septième diminuée.

On peut aussi le préparer par un accord parfait mineur dont on descend la basse d'un ton pour faire entendre ce troisième renversement.

Exemple:

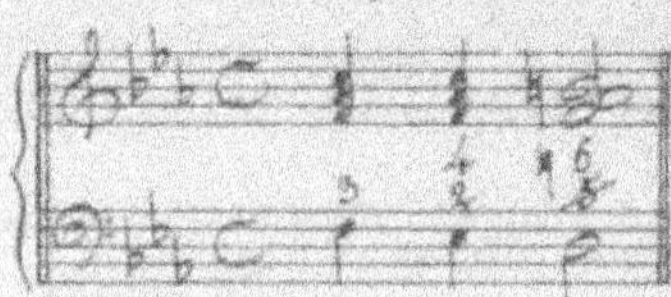

Basse chiffrée a harmoniser.

(23)

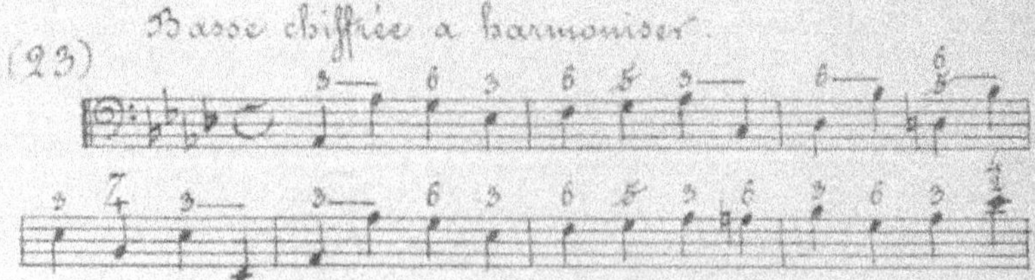

Comparer à la fin du volume. Faire un devoir.

Dix-huitième leçon.

Le huitième accord dissonnant est l'accord de septiè-me de troisième espèce; il se compose d'une Basse, d'une tierce mineure, d'une quinte diminuée et d'une septième mineure. (voir l'analyse des intervalles.)

Il se chiffre ainsi $\frac{7}{5}$. On ne double pas la basse.

Exemples:

On prépare le plus souvent cet accord par un accord parfait mineur, on descend ensuite la basse de cet accord parfait mineur d'une tierce mineure sur laquelle on fait entendre l'accord de septième de troisième espèce.

Sa résolution ordinaire a lieu en descendant la basse d'une quinte juste et en faisant entendre des-sus l'accord de septième de dominante, ou en faisant entendre le second renversement de l'accord de sep-tième de dominante sur la même basse.

Exemples:

Autre préparation. On peut faire l'accord de septième de troisième espèce après le 1.er renversement de l'accord parfait mineur, en faisant descendre la basse de ce renversement d'une seconde mineure.

Exemple:

Autre préparation. On peut encore faire l'accord de septième de troisième espèce après l'accord de septième de seconde espèce en conservant la même basse.

Exemple: 

Autre préparation. On peut faire l'accord de septième de troisième espèce après le 1.er renversement de l'accord parfait majeur, en faisant descendre la basse de ce renversement d'une seconde majeure.

Exemple: 

Autre préparation. Il est permis de faire entendre l'accord de septième de troisième espèce après un accord parfait mineur en montant la basse de cet accord parfait d'une seconde majeure.

Exemple:

On peut faire entendre après l'accord de septième de troisième espèce, un de ses renversements; dans ce cas, la résolution à faire sera celle du renversement.

Basse chiffrée à harmoniser.

(21) 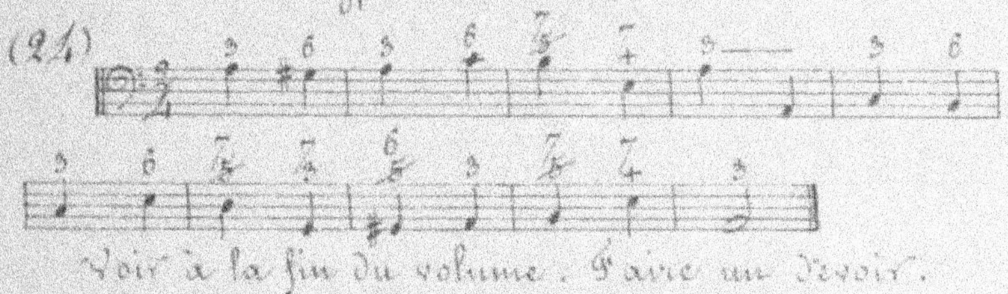

Voir à la fin du volume. Faire un devoir.

Dix-neuvième leçon.

Renversements de l'accord de septième de troisième espèce.

L'accord de septième de troisième espèce a trois renversements; le 1er se nomme accord de sixte et quinte justes et tierce mineure; il se compose d'une Basse, d'une tierce mineure, d'une quinte juste et d'une sixte majeure (voir l'analyse des intervalles.)

Il se chiffre ainsi $\frac{6}{5}$ avec un accident devant le 3 s'il est nécessaire pour rendre la tierce mineure.

On ne double point la basse.

Exemple:

Sa résolution ordinaire a lieu en montant la basse d'une seconde majeure et en faisant entendre dessus l'accord parfait majeur ou l'accord de septième de dominante suivi de sa résolution. Il se prépare par un accord parfait mineur sur la même basse.

Exemples:

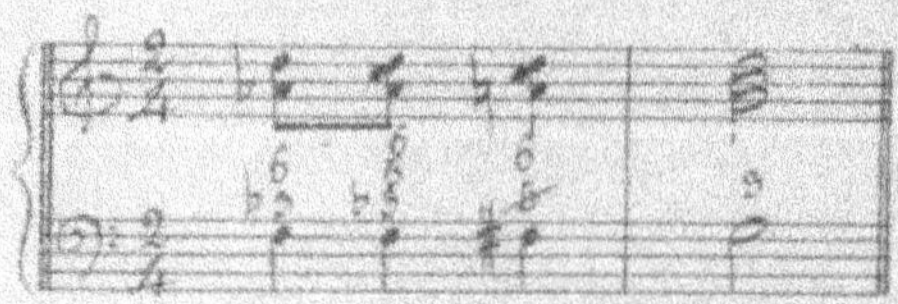

Autre résolution. On peut encore faire monter la basse d'un demi ton chromatique en faisant entendre sur ce demi ton chromatique le 1er renversement de l'accord de septième de dominante. Peut se préparer aussi par le 1er renversement de l'accord de quinte diminuée.

Exemple:

Autres résolutions. On peut aussi après ce renversement monter la basse d'un demi-ton chromatique et faire entendre le 1er renversement de l'accord de septième diminuée. (25e leçon.)

On peut enfin après ce renversement garder la même basse et faire entendre le 3e renversement de l'accord de septième de dominante.

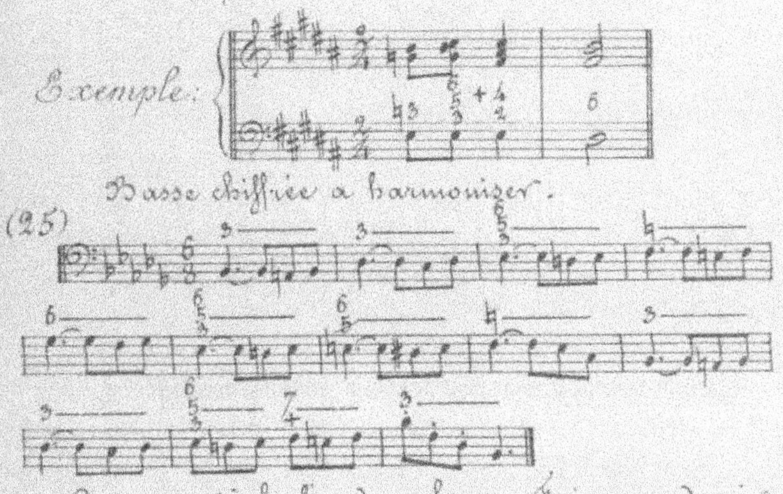

Exemple:

Basse chiffrée à harmoniser.

(25)

Comparer à la fin du volume. Faire un devoir.

Le second renversement de l'accord de septième de troisième espèce est l'accord de tierce majeure et quarte augmentée; il se compose d'une Basse, d'une tierce majeure, d'une quarte augmentée et d'une sixte majeure. (voir l'analyse des intervalles.)

Il se chiffre ainsi +$\frac{6}{4}$. On ne double point la basse.

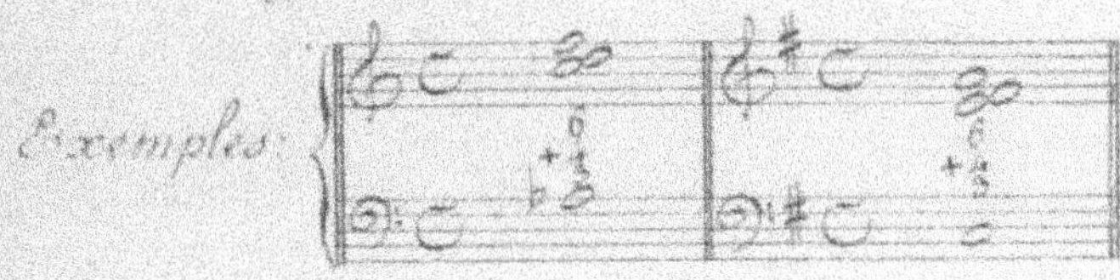

Exemples:

Sa résolution ordinaire a lieu en descendant la basse d'une seconde mineure et en faisant entendre dessus l'accord de septième de dominante.

Il se prépare par une sixte majeure sur la même basse.

Exemple:

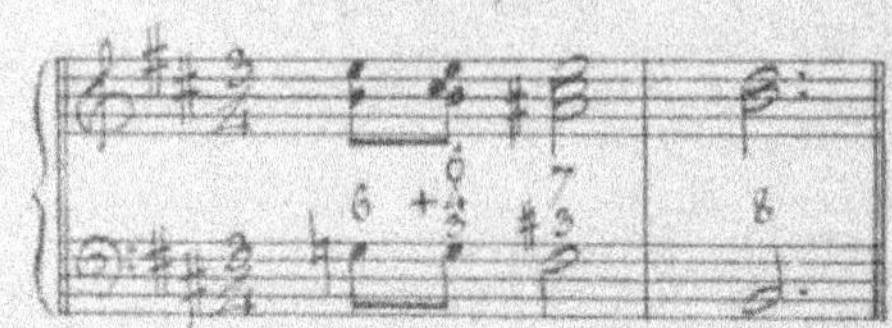

Autre résolution. On peut après ce renversement garder la même basse et faire entendre l'accord de quinte juste et sixte augmentée. Peut aussi se préparer par le 1er renversement de l'accord de septième de seconde espèce sur la même basse.

Exemple:

Autre résolution. On peut aussi après ce renversement faire monter la basse d'un demi ton chromatique et faire entendre le 2e renversement de la septième de dominante, et vice versâ.

Exemple:

(26)

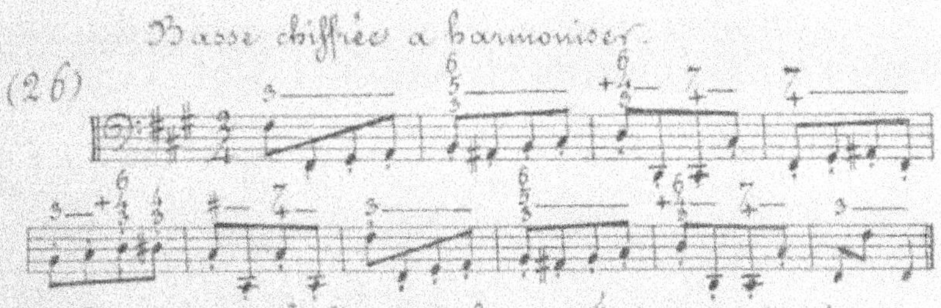

Comparer à la fin du volume. Faire un devoir.

Le troisième renversement de l'accord de septième de troisième espèce est l'accord de seconde majeure et sixte mineure ; il est formé d'une Basse, d'une seconde majeure, d'une quarte juste et d'une sixte mineure. (voir l'analyse des intervalles)

Il se chiffre ainsi $^{6}_{4}{}^{2}$. On ne double point la basse.

Exemples:

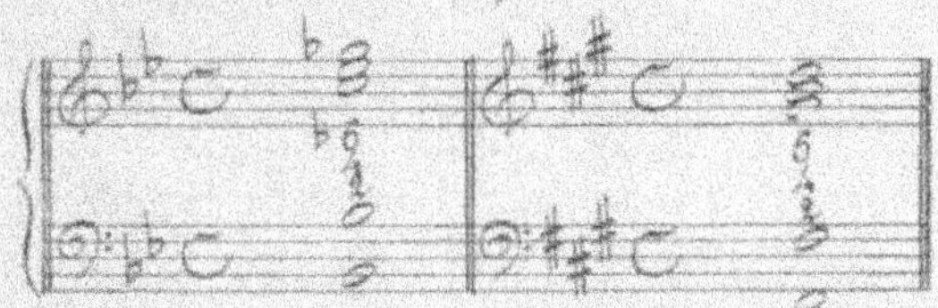

Sa résolution ordinaire a lieu en descendant la basse d'une seconde mineure et en faisant entendre dessus le 1.er renversement de l'accord de septième de dominante. Il se prépare par un accord parfait mineur sur la même basse.

Exemple:

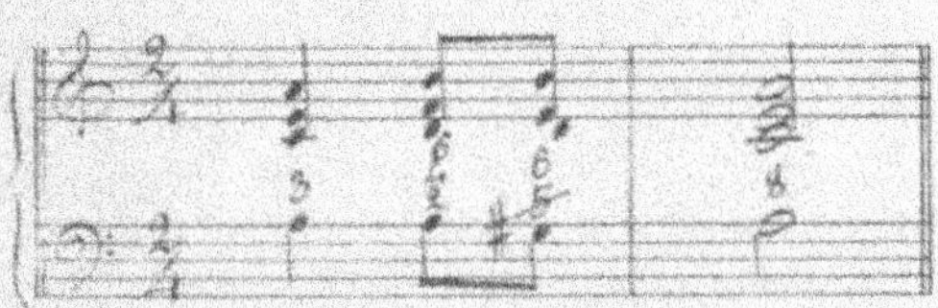

Autre préparation. On peut sur la même tonique,

faire entendre avant ce renversement, le 3.e renversem.t de l'accord de septième de seconde espèce.

Exemple:

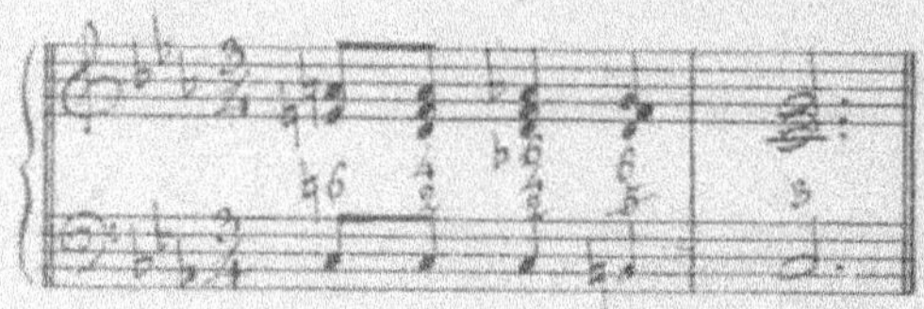

Autre résolution. On peut après ce renversement garder la même basse et faire entendre le 3.e renversement de l'accord de septième de dominante.

Exemple:

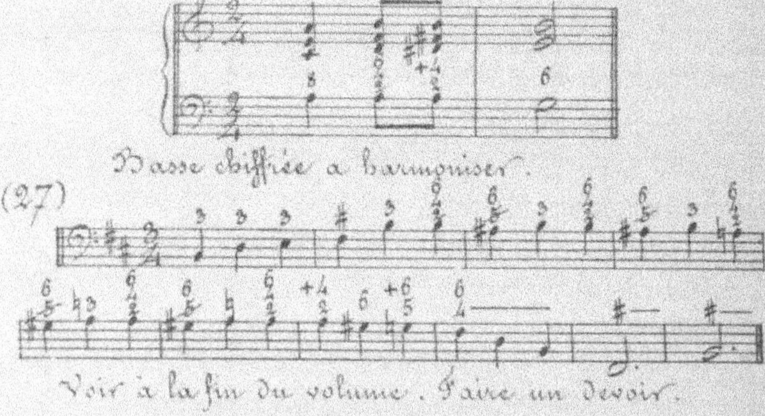

Basse chiffrée à harmoniser.

(27)

Voir à la fin du volume. Faire un devoir.

Vingtième leçon.

Le neuvième accord dissonnant est l'accord de septième de quatrième espèce; il se compose d'une Basse, d'une tierce majeure, d'une quinte juste et d'une septième majeure. (voir l'analyse des intervalles.)

Il se chiffre ainsi 7. On ne double point la basse.

Exemples:

Cet accord se prépare en faisant entendre un accord parfait majeur sur la quinte juste et supérieure de la tonique qui fera entendre ensuite l'accord de septième de quatrième espèce.

Exemple :

Sa résolution ordinaire a lieu en montant la basse d'une quarte augmentée et en faisant entendre dessus l'accord de septième de troisième espèce suivi de sa résolution.

Exemple:

Basse chiffrée a harmoniser.

(28)

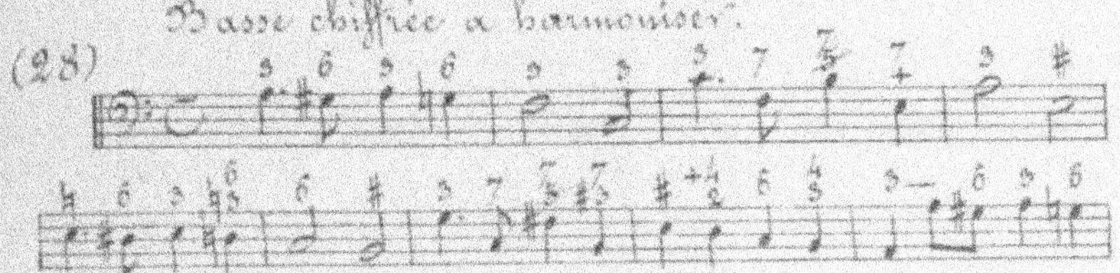

Comparer à la fin du volume. Faire un devoir.

Vingt-unième leçon.

Renversements de l'accord de septième de quatrième espèce.

L'accord de septième de quatrième espèce a trois renversements; le premier est l'accord de quinte juste et sixte mineure et se forme d'une Basse, d'une tierce mineure, d'une quinte juste et d'une sixte mineure. (voir l'analyse des intervalles.)

Il se chiffre par $\frac{6}{5}$. On ne double pas la basse.

Exemple:

Cet accord se prépare en faisant entendre un accord parfait mineur sur la note qui lui servira de tonique.

Exemple:

Sa résolution ordinaire a lieu en faisant entendre sur la même basse le troisième renversement de l'accord de troisième espèce suivi de sa résolution.

Exemple :

Autre résolution. On peut garder la même basse et faire entendre le troisième renversement de l'accord de septième de dominante.

Exemple :

Basse chiffrée à harmoniser.

(29)

Voir à la fin du volume. Faire un devoir.

Le second renversement de l'accord de septième de quatrième espèce est l'accord de tierce majeure et quarte juste; il se compose d'une Basse, d'une tierce majeure, d'une quarte juste et d'une sixte majeure. (voir l'analyse des intervalles.)

Il se chiffre ainsi $\frac{4}{3}$. On ne double point la basse.

Exemples:

Cet accord se prépare en faisant entendre le premier renversement de l'accord parfait mineur sur la note qui lui servira de tonique.

Exemples:

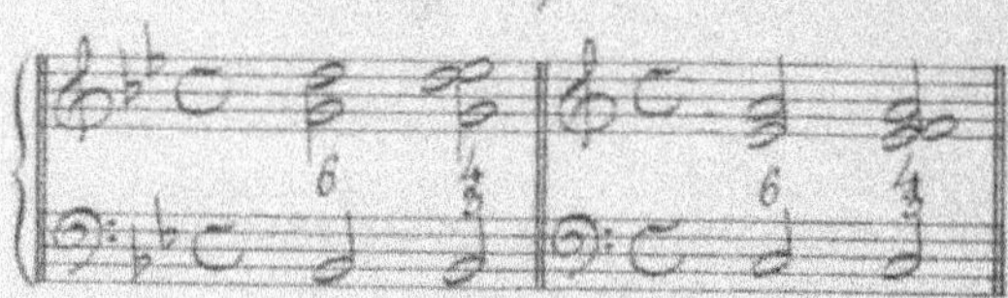

Sa résolution ordinaire a lieu en descendant la basse d'une seconde mineure et en faisant entendre dessus l'accord de septième de troisième espèce suivi de sa résolution.

Exemple:

Basse chiffrée à harmoniser.

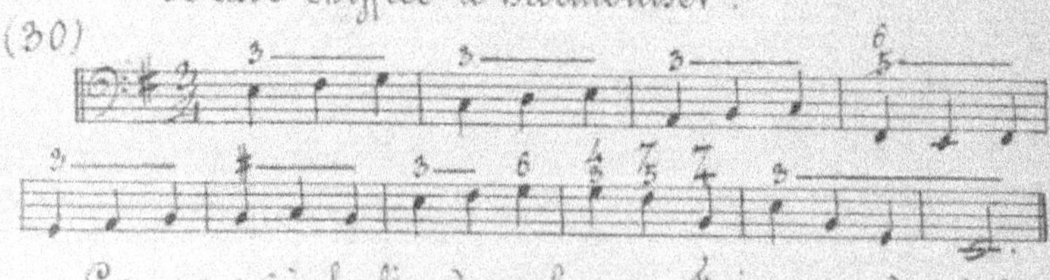

Comparer à la fin du volume. Faire un devoir.

Le troisième renversement de l'accord de septième
do quatrième espèce est l'accord de seconde mineure
et quarte juste ; il se compose d'une Basse, d'une
seconde mineure, d'une quarte juste et d'une sixte
mineure. (voir l'analyse des intervalles.)

Il se chiffre ainsi $\frac{6}{4}$. On ne double point la basse.

Exemple :

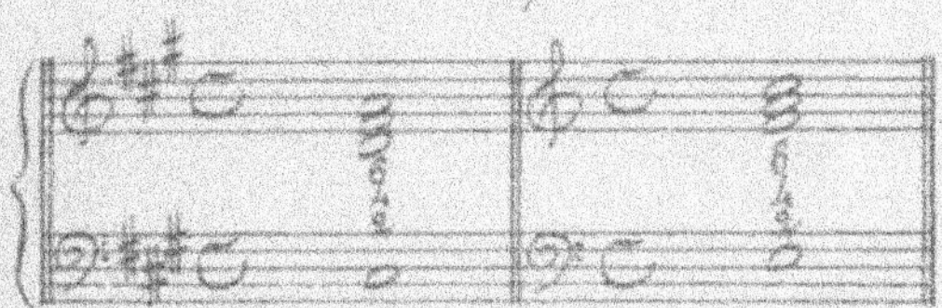

Cet accord se prépare en faisant entendre un
accord parfait majeur sur la seconde mineure supérieure de la basse qui fera entendre après ce
troisième renversement.

Exemples :

Sa résolution ordinaire a lieu en descendant
la basse d'une seconde majeure et en faisant entendre dessus le 1er renversement de l'accord de troisième espèce suivi de sa résolution.

Exemple :

(31)

Voir à la fin du volume. Faire un devoir.
Ces trois renversements sont peu usités.

Vingt-deuxième leçon.

Le dixième accord dissonnant est l'accord de septième de sensible ; il se compose d'une Basse, d'une tierce mineure, d'une quinte diminuée et d'une septième mineure. (voir l'analyse des intervalles.)

Il se chiffre ainsi $\frac{7}{5}$. On ne double pas la basse.

Exemples:

Cet accord est formé des mêmes intervalles que l'accord de septième de troisième espèce, et se prépare de la même manière ; il ne lui diffère que par sa résolution qui a lieu en montant la basse d'une seconde mineure et en faisant entendre un accord parfait majeur ; il peut cependant s'attaquer sans préparation.

Exemples:

On doit reconnaître que la basse de cet accord est la septième note (note sensible) du ton que la résolution entraîne; la basse de l'accord parfait qui fait la résolution de l'accord de septième de sensible ne sera pas doublée, ainsi que le premier exemple l'indique, pour éviter deux quintes. Cette faute est évitée par une autre position dans le second exemple.

Basse chiffrée à harmoniser.

(32)

Comparer à la fin du volume. Faire un devoir.

Vingt-troisième leçon.

Renversements de l'accord de septième de sensible.

L'accord de septième de sensible a trois renversements; ils ne sont pas employés en harmonie, aussi me contenterai-je de parler de leur formation et résolution sans donner de basse à harmoniser, ni de devoir à faire.

Le premier est l'accord de tierce mineure sixte et quinte justes et se compose d'une Basse, d'une tierce mineure, d'une quinte juste et d'une sixte majeure. (voir l'analyse des intervalles.)

Il se chiffre ainsi $\frac{6}{5}$. On ne double pas la basse.

Sa résolution ordinaire a lieu en montant la basse d'une seconde majeure et en faisant entendre dessus le 1er renversement de l'accord parfait majeur.

Exemple:

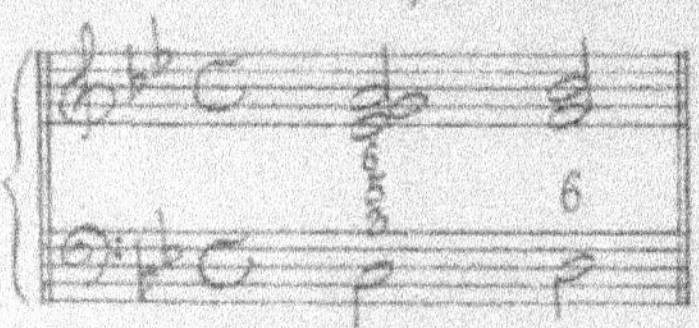

Le second renversement de l'accord de septième de sensible est l'accord de tierce majeure et quarte augmentée; il se compose d'une Basse, d'une tierce majeure, d'une quarte augmentée et d'une sixte majeure. (voir l'analyse des intervalles.)

Il se chiffre par $+\frac{6}{3}$. On ne double pas la basse.

Sa résolution ordinaire a lieu en descendant la basse d'une seconde mineure et en faisant entendre dessus le 1er renversement de l'accord parfait majeur.

Exemple:

Le troisième renversement de l'accord de septième de sensible est l'accord de seconde majeure et sixte mineure; il se compose d'une Basse, d'une seconde majeure, d'une quarte juste et d'une sixte mineure. (voir l'analyse des intervalles.)

Il se chiffre ainsi $\frac{6}{2}$. On ne double pas la basse.

Sa résolution ordinaire a lieu en descendant la basse d'une seconde majeure et en faisant entendre l'accord de septième de dominante suivi de sa résolution.

Exemple:

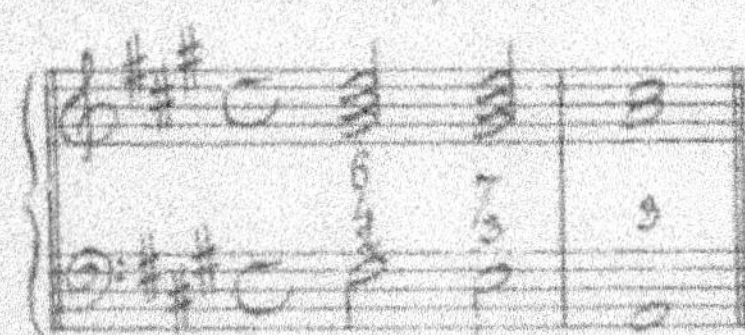

Vingt-quatrième leçon.

Le onzième accord dissonant est l'accord de septième diminuée; il est formé d'une Basse, d'une tierce mineure, d'une quinte diminuée et d'une septième diminuée. (voir l'analyse des intervalles.)

Il se chiffre ainsi 7. On ne double pas la basse.

Exemples:

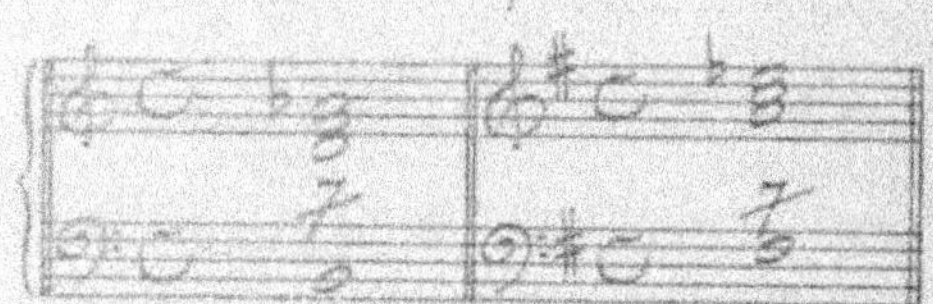

La résolution ordinaire a lieu en montant la basse d'une seconde mineure et en faisant entendre dessus un accord parfait majeur ou mineur.

Exemples:

La basse n'est pas doublée dans la résolution du premier exemple pour éviter deux quintes successives, dans le second exemple les quintes sont évitées par la seconde position.

Basse chiffrée a harmoniser.

(33)

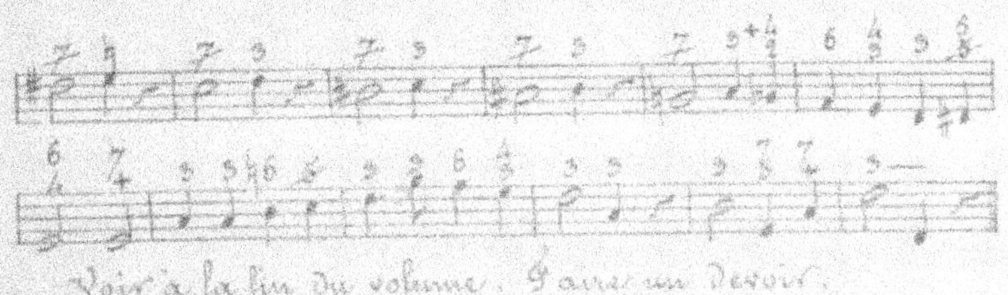

Vingt-cinquième leçon.

Renversements de l'accord de septième diminuée.

L'accord de septième diminuée a trois renversements; le premier est l'accord de quinte diminuée et sixte majeure; il se compose d'une Basse, d'une tierce mineure, d'une quinte diminuée et d'une sixte majeure. (voir l'analyse des intervalles.)

Il se chiffre par $\sharp\frac{6}{5}$ avec un accident devant le 6, s'il est nécessaire pour rendre la tierce majeure.

On ne double pas la basse.

Exemples:

Sa résolution ordinaire a lieu en montant

la basse d'une seconde mineure ou majeure et en faisant entendre dessus le 1.er renversement de l'accord parfait mineur ou majeur.

Exemple:

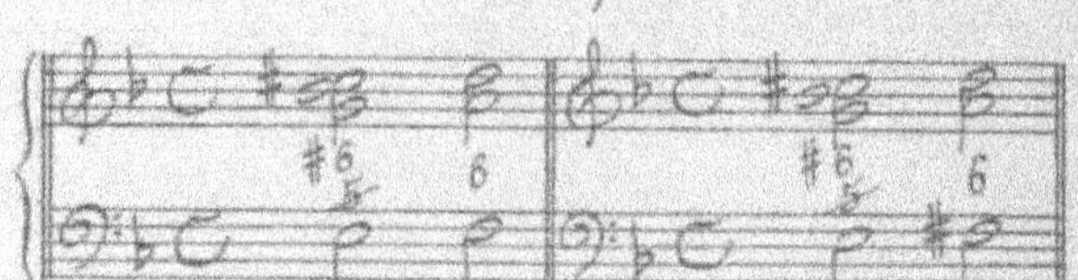

On peut encore faire monter la basse d'une seconde mineure et faire entendre dessus le 2.e renversement de l'accord parfait majeur.

Exemple:

Dans ce cas on double la basse de la $\frac{6}{4}$.

Basse chiffrée à harmoniser.

(34)

Comparer à la fin du volume. Faire un devoir.

Le second renversement de l'accord de septième diminuée est l'accord de tierce mineure et quarte aug-

mentée; il se compose d'une Basse, d'une tierce mineure, d'une quarte augmentée et d'une sixte majeure. (voir l'analyse des intervalles.)

Il se chiffre ainsi $^{+4}_{\flat 3}$, avec un accident devant le 3, s'il est nécessaire pour rendre la tierce mineure.

On ne double point la basse.

Exemples:

Sa résolution ordinaire a lieu en descendant la basse d'une seconde majeure ou mineure et en faisant entendre dessus le premier renversement de l'accord parfait mineur ou majeur.

Exemples:

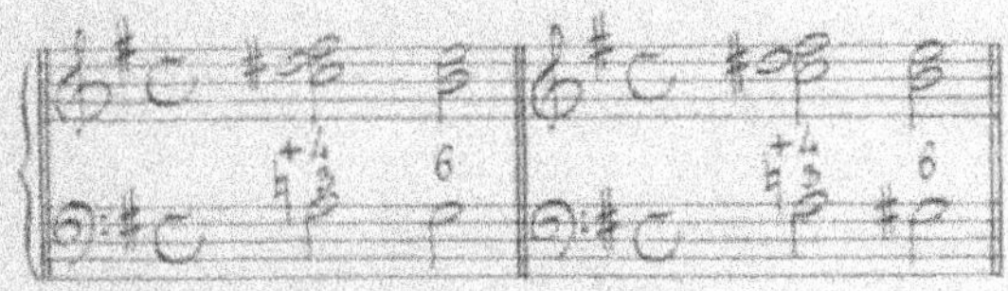

On peut encore faire descendre la basse d'une seconde majeure et faire entendre dessus le second renversement de l'accord parfait majeur.

Exemple:

Dans ce cas on double la basse de la ♮.

(35)

Basse chiffrée à harmoniser

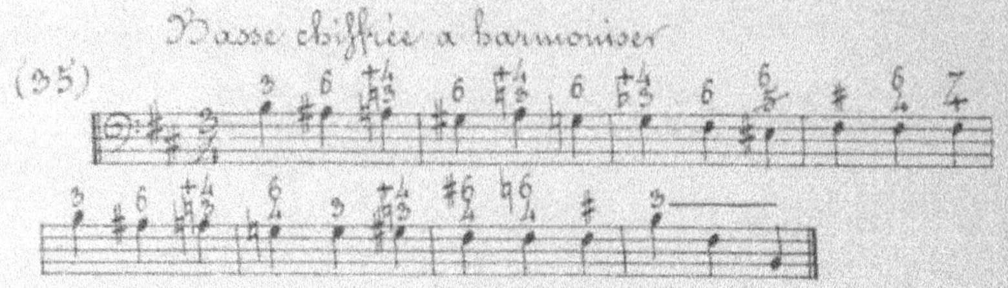

Comparer à la fin du volume. Faire un devoir.

Le troisième renversement de l'accord de septième diminuée est l'accord de seconde et quarte augmentée; il se compose d'une Basse, d'une seconde augmentée, d'une quarte augmentée et d'une sixte majeure. (voir l'analyse des intervalles.)

Il se chiffre par $\frac{+4}{+2}$. On ne double pas la basse.

Exemples:

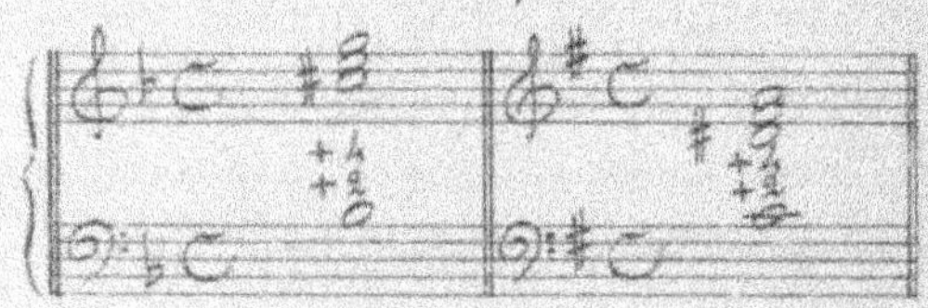

Sa résolution ordinaire a lieu en descendant la basse d'une seconde mineure et en faisant entendre dessous le second renversement de l'accord parfait majeur ou mineur.

Exemple:

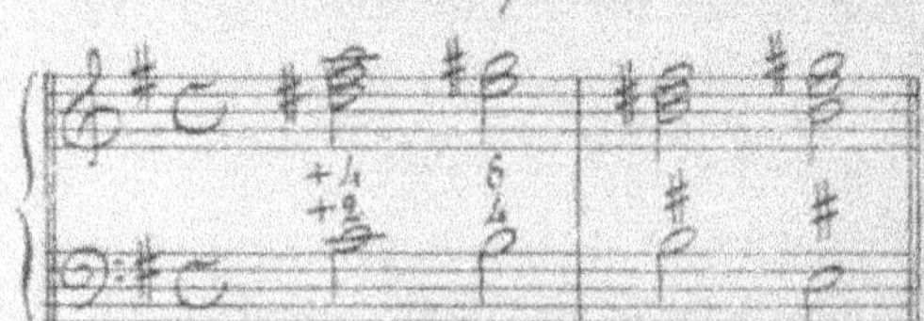

On peut aussi garder la même basse et faire entendre l'accord de sixte augmentée et quinte juste suivi de sa résolution.

On peut encore garder la même basse et faire
entendre dessous un accord parfait majeur.

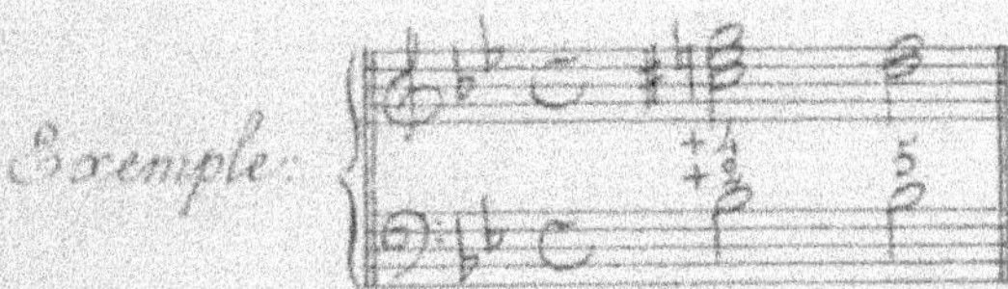

On peut enfin faire monter ou descendre la basse
par demi tons chromatiques et répéter ce renversement
sur chaque nouveau demi ton, mais lorsque la basse
arrivera à la quarte augmentée du ton où on voudra
s'arrêter on fera entendre (sur cette quarte augmentée)
le 1er renversement de l'accord de septième diminuée.

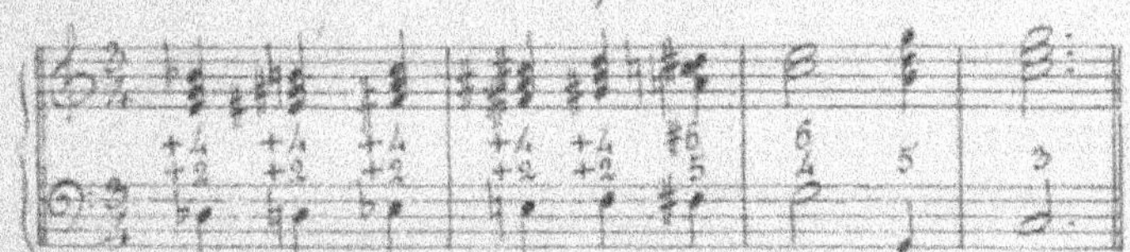

On confond généralement les différentes résolutions de ces
renversements par la raison que ces renversements forment
les mêmes sons; mais avec un peu d'attention on se rendra facilement maître de leur véritable résolution.

Basse chiffrée à harmoniser.

(30)
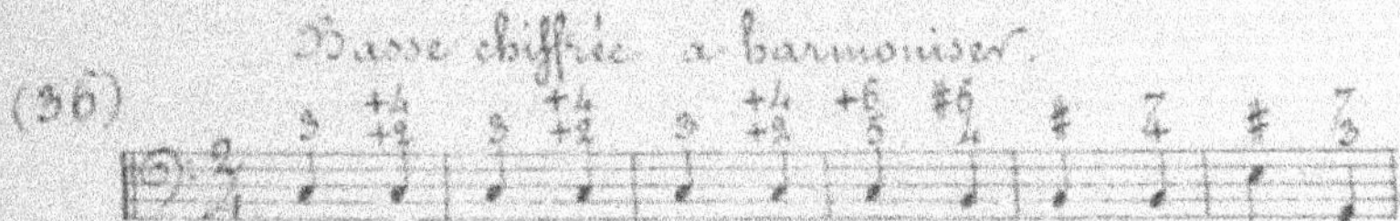

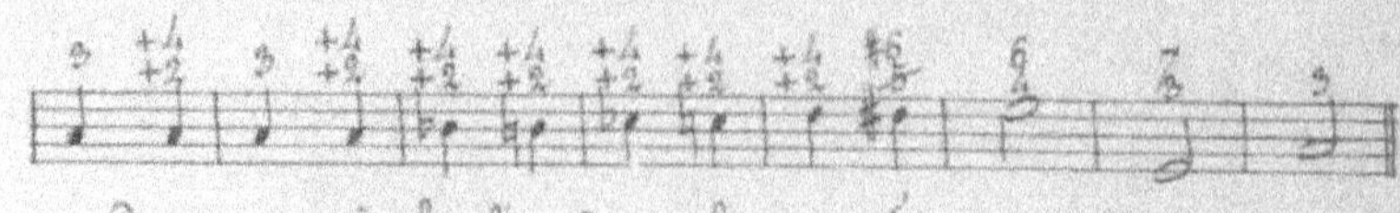

Comparer à la fin du volume. Faire un devoir.

Vingt-sixième leçon.

Le douzième accord dissonnant est l'accord de Neuvième majeure; il est formé d'une Basse, d'une tierce majeure, d'une septième mineure et d'une neuvième majeure. (voir l'analyse des intervalles.)

Il se chiffre ainsi $\frac{9}{7}$, en mettant devant chacun de ces chiffres des accidents s'ils sont nécessaires pour obtenir la tierce et la neuvième majeures.

On ne double point la basse.

Exemples:

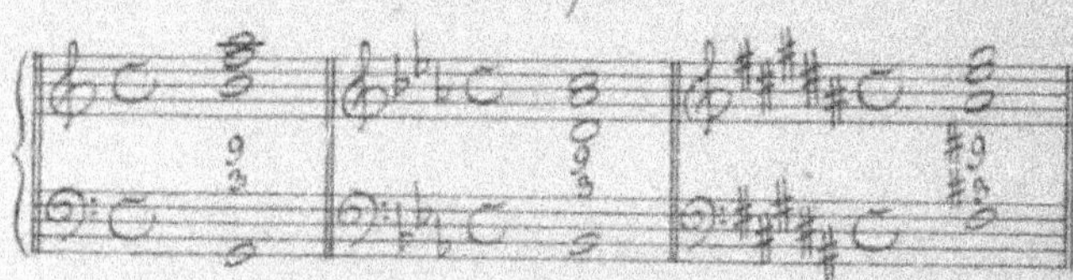

On préparera cet accord par un accord parfait mineur, puis on descendra la basse de cet accord parfait mineur d'une quinte juste sur laquelle on pourra alors faire entendre l'accord de neuvième majeure, et en ayant soin que la quinte de l'accord parfait mineur devienne la neuvième note de l'accord de neuvième majeure.

Exemples: 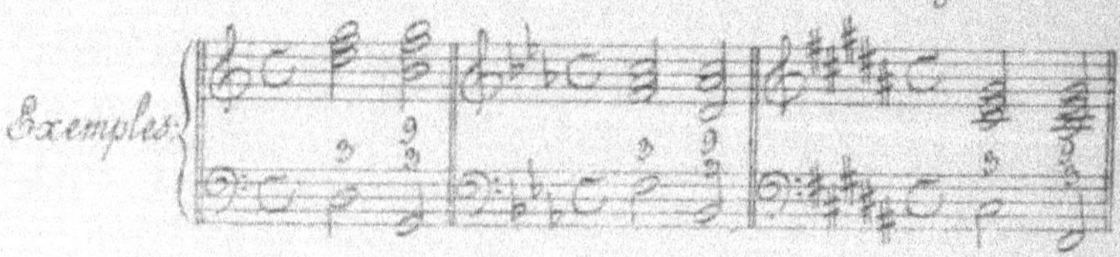

La résolution ordinaire de cet accord a lieu en montant la basse d'une quarte juste et en faisant entendre sur cette quarte juste un accord parfait majeur, ou l'accord de septième de dominante.

Exemples:

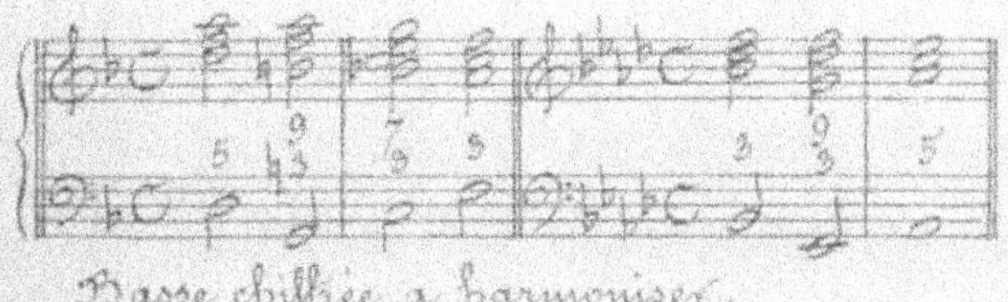

Basse chiffrée à harmoniser.

Comparer à la fin du volume. Faire un devoir.
N. B. Cet accord ne possède pas de renversements.

Vingt-septième leçon.

Le treizième accord dissonant est l'accord de Neuvième mineure; il est formé d'une Basse, d'une tierce majeure, d'une septième mineure et d'une neuvième mineure. (voir l'analyse des intervalles.)

Il se chiffre ainsi $\frac{9}{7}$ en mettant devant chacun de ces chiffres les accidents nécessaires pour obtenir la tierce majeure et la neuvième mineure.

On ne double point la basse.

Exemples:

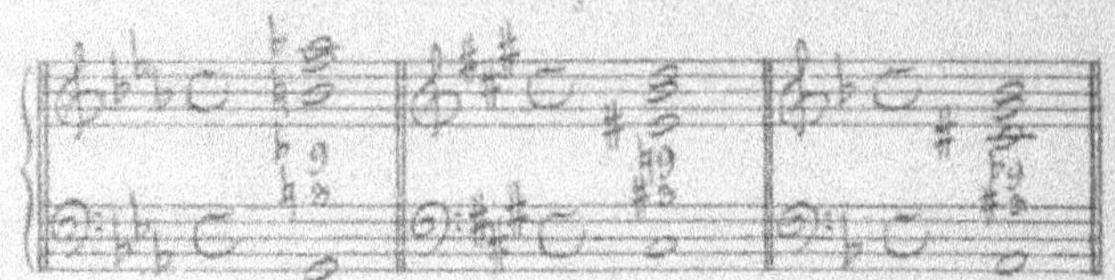

On préparera cet accord par un accord de quinte diminuée, puis on descendra la basse de cet accord de quinte diminuée d'une quinte juste sur laquelle on fera entendre l'accord de neuvième mineure, en ayant soin que l'intervalle qui représente la quinte diminuée dans l'accord de quinte diminuée soit la neuvième note dans l'accord de neuvième mineure.

Exemples:

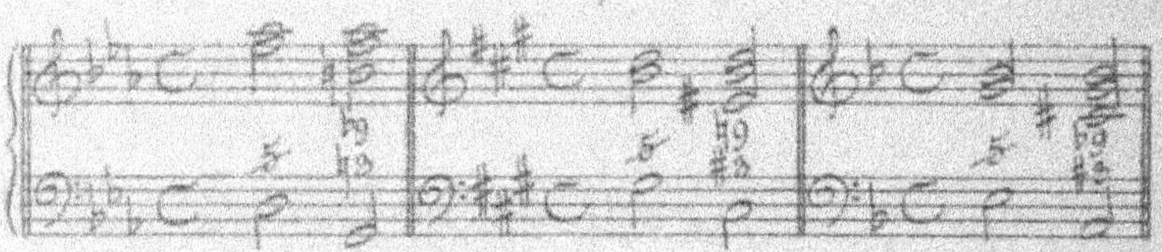

La résolution ordinaire de cet accord a lieu en montant la basse d'une quarte juste et en faisant entendre sur cette quarte juste un accord parfait mineur, ou l'accord de septième de dominante.

Exemples:

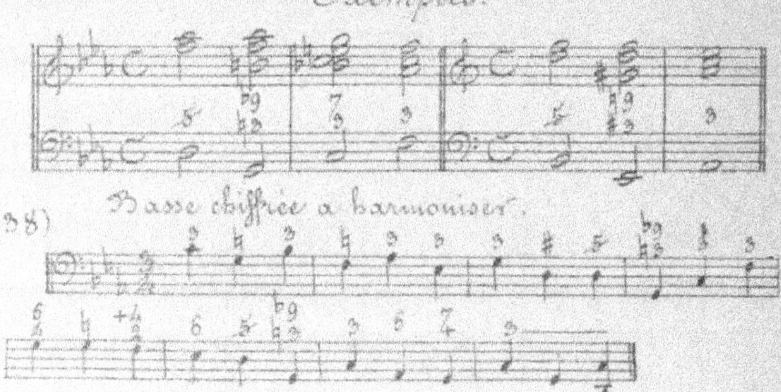

(38) Basse chiffrée à harmoniser.

Comparer à la fin du volume. Faire un devoir.
N.B. Cet accord ne possède pas de renversements.

Les notes de passage, les cadences, les marches, les rhythmes, etc. étrangers selon moi à l'harmonie, se sont traités d'une manière spéciale dans un autre volume, et tout ce qui se rattache à la composition.

Basses harmonisées.

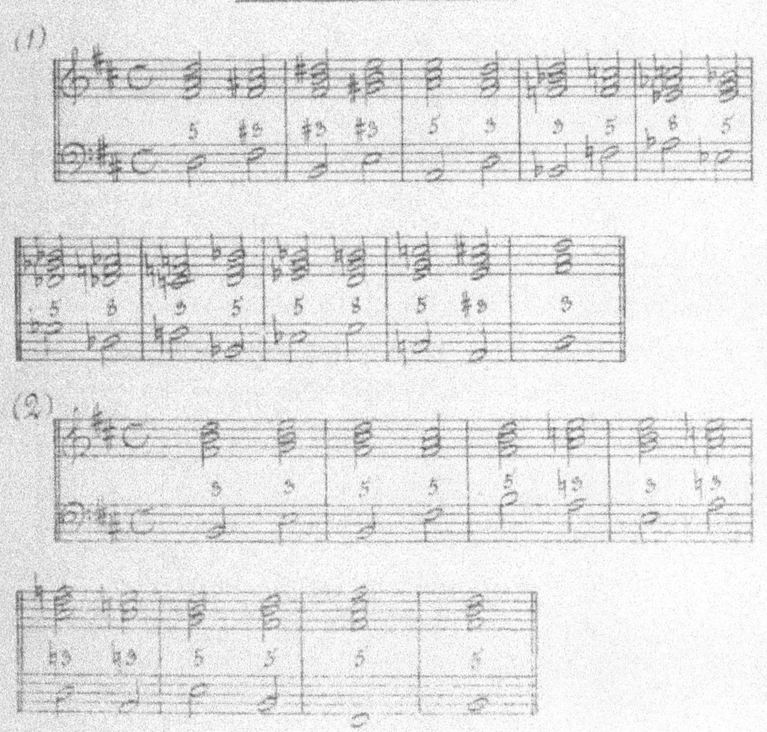

(3)
(4)
(5)
(6)

(7)
(8)
(9)

(10)

(11)

(12)

(13)

(14)

(15)

(16)

(17)
(18)
(19)

(20)
(21)

(22)

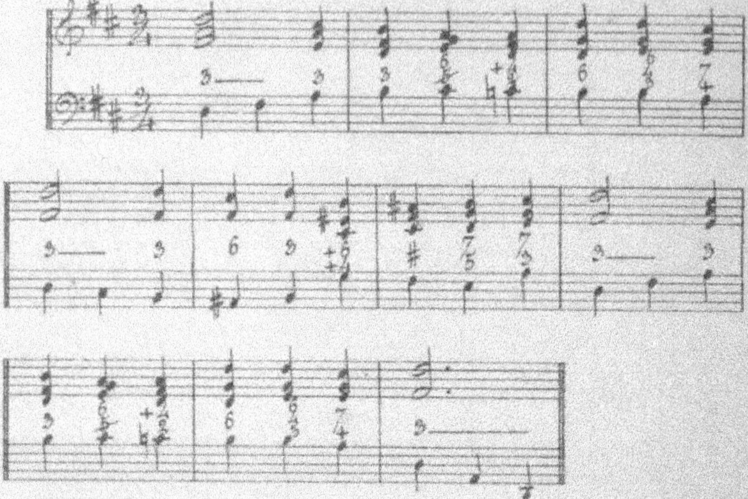

(23)

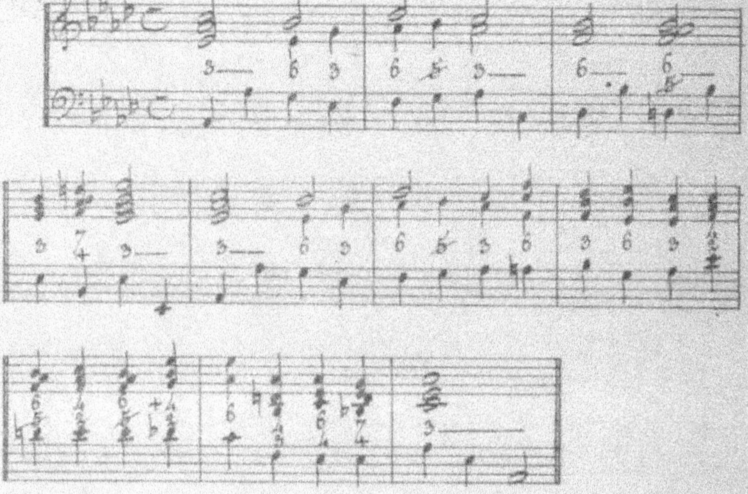

(24)

(27)
(28)
(29)

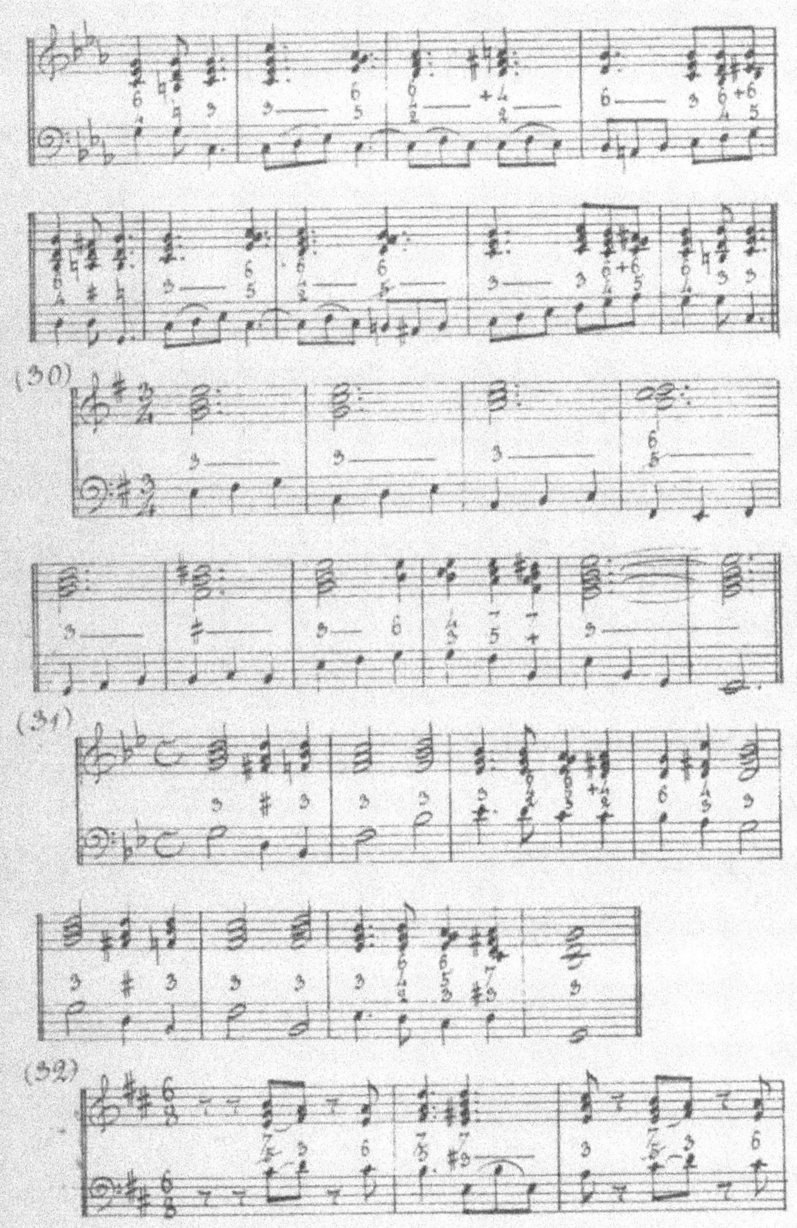

(30)
(31)
(32)

(33)

(36) 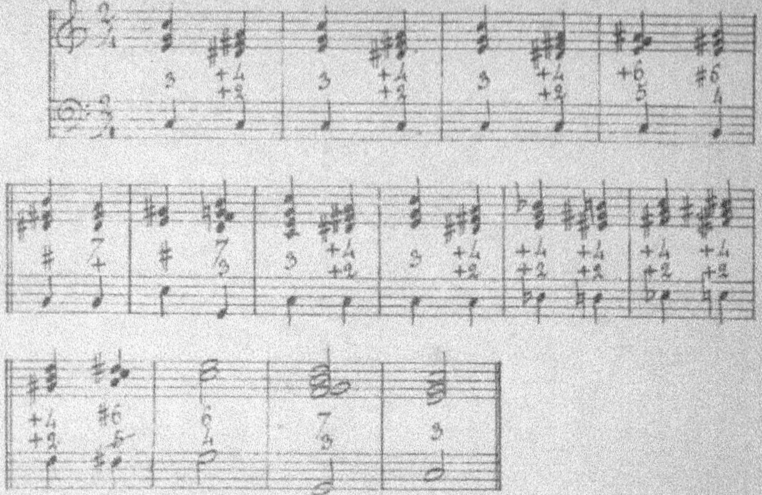
(37) 
(38) 
Fin.

www.ingramcontent.com/pod-product-compliance
Ingram Content Group UK Ltd.
Pitfield, Milton Keynes, MK11 3LW, UK
UKHW022037170726
13837UKWH00002B/655